LA VIE

DE M.

DE MOLIERE.

A PARIS,

Chez Jacques le Febvre,
dans la grand' Salle du Palais,
au Soleil-d'Or.

M. DCCV.

AVEC PRIVILEGE DU ROY.

LA VIE
DE Mr.
DE MOLIERE.

I L y a lieu de s'étonner que personne n'ait encore recherché la
Vie de Mr. de Moliere pour nous
la donner. On doit s'interesser à
la memoire d'un homme qui s'est
rendu illustre dans son genre. Quelles obliga-
tions nôtre Scene comique ne lui a-t-elle pas?
Lors qu'il commença à travailler elle étoit
destituée d'ordre, de mœurs, de goût,
de caracteres, tout y étoit vicieux. Et nous
sentons assez souvent aujourd'hui que sans
ce Genie superieur le Theâtre comique seroit peut-être encore dans ces affreux ca-
hos, d'où il l'a tiré par la force de son
imagination; aidée d'une profonde lecture,
& de ses réflexions, qu'il a toûjours heureusement mises en œuvre. Ses Pieces representées sur tant de Theâtres, traduites en tant
de langues, le feront admirer autant de siecles
que la Scene durera. Cependant on ignore ce

grand Homme ; & les foibles crayons, qu'on
nous en a donnez, font tous manquez ; ou fi
peu recherchez, qu'ils ne fuffifent pas pour
le faire connoître tel qu'il étoit. Le Public eft
rempli d'une infinité de fauffes Hiftoires à fon
occafion. Il y a peu de perfonnes de fon tems,
qui pour fe faire honneur d'avoir figuré avec
lui, n'inventent des avantures qu'ils prétendent
avoir eûës enfemble. J'en ai eu plus de peine à
déveloper la verité, mais je la rends fur des Mémoires tres-affûrez ; & je n'ai point épargné
les foins pour n'avancer rien de douteux. J'ai
écarté auffi beaucoup de faits domeftiques ; qui
font communs à toutes fortes de perfonnes ;
mais je n'ai point négligé ceux qui peuvent ré-
veiller mon Lecteur. Je me flate que le Public
me fçaura bon gré d'avoir travaillé : Je lui donne la Vie d'une perfonne qui l'occupe fi fouvent ; d'un Auteur inimitable, dont le fouve-
nir touche tous ceux qui ont le difcernement
affez heureux pour fentir à la lecture, ou à la
reprefentation de fes Pieces, toutes les beautez
qu'il y a répanduës.

M. de Moliere fe nommoit Jean-Baptifte
Pocquelin ; il étoit fils & petit-fils de Tapif-
fiers, Valets de Chambre du Roy Loüis XIII.
Ils avoient leur boutique fous les pilliers des
Halles, dans une maifon qui leur appartenoit
en propre. Sa mere s'appelloit Boudet : Elle
étoit auffi fille d'un Tapiffier, établi fous les
mêmes pilliers des Halles.

Les parens de Moliere l'éleverent pour être
Tapiffier ; & ils le firent recevoir en furvivance
de la Charge du pere dans un âge peu avancé :
ils n'épargnérent aucuns foins pour le mettre
en état de la bien exercer ; ces bonnes Gens

n'ayant pas de fentimens qui dûffent les engager à deftiner leur enfant à des occupations
plus élevées : De forte qu'il refta dans la boutique jufqu'à l'âge de quatorze ans ; & ils fe
contenterent de lui faire apprendre à lire & à
écrire pour les befoins de fa profeffion.

Moliere avoit un grand-pere, qui l'aimoit
éperduëment ; & comme ce bon homme avoit
de la paffion pour la Comedie, il y menoit fouvent le petit Pocquelin, à l'Hôtel de Bourgogne. Le pere qui apprehendoit que ce plaifir ne
diffipât fon fils, & ne lui ôtât toute l'attention
qu'il devoit à fon métier, demanda un jour à
ce bon homme, pourquoi il menoit fi fouvent
fon petit-fils au fpectacle ? Avez-vous , lui
dit-il, avec un peu d'indignation, envie d'en
faire un Comedien ? Plût à Dieu, lui répondit
le grand-pere, qu'il fut auffi bon Comedien
que Belleroze. (c'étoit un fameux Acteur de
ce tems-là.) Cette réponfe frapa le jeune homme , & fans pourtant qu'il eût d'inclination dé-
terminée , elle lui fit naître du dégoût pour la
profeffion de Tapiffier ; s'imaginant que puifque fon grand-pere fouhaitoit qu'il pût être
Comedien, il pouvoit afpirer à quelque chofe
de plus qu'au métier de fon pere.

Cette prévention s'imprima tellement dans
fon efprit, qu'il ne reftoit dans la boutique
qu'avec chagrin : De maniere que revenant un
jour de la Comedie , fon pere lui demanda
pourquoi il étoit fi mélancolique depuis quelque tems ? Le petit Pocquelin ne put tenir
contre l'envie qu'il avoit de déclarer fes fentimens à fon pere : il lui avoüa franchement qu'il
ne pouvoit s'accommoder de fa Profeffion : mais
qu'il lui feroit un plaifir fenfible de le faire

étudier. Le grand-Pere, qui étoit present à cet éclaircissement, appuya par de bonnes raisons l'inclination de son petit fils. Le pere s'y rendit, & se determina à l'envoyer au College des Jesuites.

Le jeune Pocquelin étoit né avec de si heureuses dispositions pour les études, qu'en cinq années de tems il fit non seulement ses Humanitez, mais encore sa Philosophie.

Ce fut au College qu'il fit connoissance avec deux Hommes illustres de nôtre tems, Mr. de Chapelle & Mr. Bernier.

Chapelle étoit fils de Mr. Luillier, sans pouvoir être son héritier de droit; Mais il auroit pû lui laisser les grands biens qu'il possedoit, si par la suite il ne l'avoit reconnu incapable de les gouverner : il se contenta de lui laisser seulement 8000. livres de rente entre les mains de personnes qui les lui payoient réguliérement.

Mr. Luillier n'épargna rien pour donner une belle éducation à Chapelle, jusqu'à lui choisir pour Précepteur le celebre Mr. de Gassendy, qui ayant remarqué dans Moliere toute la docilité & toute la pénétration necessaire pour prendre les connoissances de la Philosophie, se fit un plaisir de la lui enseigner en même tems qu'à Messieurs de Chapelle & Bernier.

Cyrano de Bergerac, que son pere avoit envoyé à Paris sur sa propre conduite, pour achever ses études, qu'il avoit assez mal commencées en Gascogne, se glissa dans la societé des Disciples de Gassendy ; ayant remarqué l'avantage considérable qu'il en tireroit. Il y fut admis cependant avec repugnance ; l'esprit turbulent de Cyrano ne convenoit point avec de jeunes gens, qui avoient déja toute la justesse d'es-

prit que l'on peut souhaiter dans des personnes
toutes formées. Mais le moyen de se débarras-
ser d'un jeune homme aussi insinuant, aussi vif,
aussi Gascon que Cyrano ? Il fut donc reçu aux
études & aux conversations que Gassendy conduisoit avec les personnes que je viens de nommer. Et comme ce même Cyrano étoit tres-avi-
de de sçavoir, & qu'il avoit une mémoire fort
heureuse, il profitoit de tout ; & il se fit un
font de bonnes choses, dont il tira avantage
dans la suite. Moliére aussi ne s'est-il pas fait un
scrupule de placer dans ses Ouvrages plusieurs
pensées, que Cyrano avoit employées auparavant dans les siens. Il m'est permis, disoit Moliére, de reprendre mon bien où je le trouve.

Quand Moliére eut achevé ses études, il fut
obligé, à cause du grand âge de son pere, d'e-
xercer sa Charge pendant quelque tems ; &
même il fit le voyage de Narbonne à la suite
de Loüis XIII. La Cour ne lui fit pas perdre le
goût qu'il avoit pris dés sa jeunesse pour la Comédie ; ses études n'avoient même servi qu'à
l'y entretenir. C'étoit assez la coûtume dans ce
tems-là de representer des pieces entre mains ;
Quelques Bourgeois de Paris formérent une
troupe, dont Moliére étoit ; ils joüerent plusieurs fois pour se divertir. Mais ces Bourgeois
ayant suffisamment rempli leur plaisir, & s'imaginant être de bons Acteurs, s'aviserent de tirer
du profit de leurs representations. Ils penserent
bien férieusement aux moyens d'executer leur
dessein : & après avoir pris toutes leurs mesu-
res, ils s'établirent dans le jeu de paume de la
Croix blanche, au Fauxbourg Saint Germain.
Ce fut alors que Moliére prit le nom qu'il a
toûjours porté depuis. Mais lorsqu'on lui a de-

mandé ce qui l'avoit engagé à prendre celui-là plûtôt qu'un autre, jamais il n'en a voulu dire la raison, même à ses meilleurs amis.

L'établissement de cette nouvelle troupe de Comediens n'eut point de succès, parce qu'ils ne voulurent point suivre les avis de Moliere, qui avoit le discernement & les vûës beaucoup plus justes, que de gens qui n'avoient pas été cultivez avec autant de soin que lui.

Un Auteur grave nous fait un conte au sujet du parti que Moliere avoit pris, de joüer la Comédie. Il avance que sa famille alarmée de ce dangereux dessein, lui envoya un Ecclesiastique, pour lui representer qu'il perdoit entierement l'honneur de sa famille ; qu'il plongeoit ses parens dans de douloureux déplaisirs, & qu'enfin il risquoit son salut d'embrasser une profession contre les bonnes mœurs, & condamnée par l'Eglise ; mais qu'après avoir écouté tranquillement l'Ecclesiastique, Moliere parla à son tour avec tant de force en faveur du Theâtre, qu'il séduisit l'esprit de celui qui le vouloit convertir, & l'emmena avec lui pour joüer la Comédie. Ce fait est absolument inventé par les personnes de qui Mr. P * * peut l'avoir pris pour nous le donner. Et quand je n'en aurois pas de certitude, le Lecteur à la premiere reflexion présumera avec moi que ce fait n'a aucune vrai-semblance. Il est vrai que les parens de Moliere essayerent par toutes sortes de voyes de le détourner de sa résolution ; Mais ce fut inutilement ; Sa passion pour la Comedie l'emportoit sur toutes leurs raisons.

Quoique la troupe de Moliere n'eût point réüssi, cependant pour peu qu'elle avoit paru, elle lui avoit donné occasion suffisamment de de faire valoir dans le monde les dispositions extraordinaires qu'il avoit pour le Theâtre. Et Monsieur le Prince de Conti, qui l'avoit fait venir plusieurs fois dans son Hôtel, l'encouragea : & voulant bien l'honorer de sa protection, il lui ordonna de le venir trouver en Languedoc avec sa troupe, pour y joüer la Comedie.

Cette troupe étoit composée de la Béjart, de ses deux freres, de Gros-René, de Duparc, de sa femme, d'un Patissier de la ruë saint Honoré, pere de la Demoiselle de la G * *, femme de Chambre de la De-Brie; celle-ci étoit aussi de la troupe avec son mari, & quelques autres.

Moliere en formant sa troupe, lia une forte amitié avec la Béjart, qui avant qu'elle le connût, avoit eu une petite Fille de Monsieur de Modéne, Gentilhomme d'Avignon avec qui j'ai sçu, par des témoignages très-assûrez, que la Mere avoit contracté un mariage caché. Cette petite fille accoûtumée avec Moliere, qu'elle voyoit continuellement, l'appela son Mari, dès qu'elle sçut parler ; & à mesure qu'elle croissoit, ce nom déplaisoit moins à Moliere, mais cela ne paroissoit à personne tirer à aucune consequence. La Mere ne pensoit à rien moins qu'à ce qui arriva dans la suite, & occupée seulement de l'amitié qu'elle avoit pour son prétendu gendre, elle ne voyoit rien qui dût lui faire faire des reflexions.

Moliere partit avec sa troupe, qui eut bien de l'aplaudissement en passant à Lyon, en 1653. où il donna au Public, l'Etourdi, la premiere de ses Pieces, qui eut autant de succès, qu'il en pouvoit esperer. La Troupe passa en Languedoc, où Moliere fut reçu tres-favorablement de Monsieur le Prince de Conti, qui eut la bonté de donner des appointemens à ces Comédiens.

Moliére s'acquit beaucoup de réputation dans cette Province, par les trois premieres Pieces de sa façon qu'il fit paroître ; l'Etourdi, le Dépit amoureux, & les Précieuses ridicules. Ce qui engagea d'autant plus Monsieur le Prince de Conti à l'honorer de sa bienveillance, & de ses bienfaits. Ce Prince lui confia la conduite des plaisirs & des spectacles qu'il donnoit à la Province, pendant qu'il en tint les Etats. Et ayant remarqué en peu de tems toutes les bonnes qualitez de Moliere, son estime pour lui alla si loin, qu'il le voulut faire son Secretaire. Mais il aimoit l'indépendance, & il étoit si rempli du desir de faire valoir le talent qu'il se connoissoit, qu'il pria Monsieur le Prince de Conti de le laisser continuer la Comédie ; & la place qu'il auroit remplie fut donnée à Mr. de Simoni. Ses amis le blâmérent de n'avoir point accepté ,, un emploi si avantageux. Eh ! Messieurs, leur ,, dit-il, ne nous déplaçons jamais ; je suis passa- ,, ble Auteur, si j'en crois la voix publi- ,, que ; je puis être un fort mauvais Secretai- ,, re. Je divertis le Prince par les spectacles ,, que je lui donne ; Je le rebuterai par un tra- ,, vail sérieux & mal conduit. Et pensez-vous ,, d'ailleurs, ajoûta-t-il, qu'un Misantrope ,, comme moi, capricieux si vous voulez ,, ,, soit propre auprès d'un Grand ; Je n'ai pas ,, les sentimens assez flexibles pour la domesti- ,, cité. Mais plus que tout cela, que devien- ,, dront ces pauvres gens que j'ai amenez de si ,, loin ? Qui les conduira ? Ils ont compté sur ,, moi, & je me reprocherois de les abandonner. Cependant j'ai sçû que la Béjart lui auroit fait le plus de peine à quitter, & cette femme qui avoit tout pouvoir sur son esprit, l'empêcha de suivre Monsieur le Prince de Conti. De son côté, Moliére étoit ravi de se voir le Chef d'une Troupe ; il se faisoit un plaisir sensible de conduire sa petite Republique : Il aimoit à parler en public, il n'en perdoit jamais l'occasion : Jusques-là que s'il mouroit quelque Domestique de son Theâtre, ce lui étoit un sujet de haranguer pour le premier jour de Comedie. Tout cela lui auroit manqué chez Monsieur le Prince de Conti.

Après quatre ou cinq années de succès dans la Province, la Troupe resolut de venir à Paris. Moliére sentit qu'il avoit assez de force pour y soûtenir un Theâtre comique ; & qu'il avoit assez façonné ses Comediens pour esperer d'y avoir un plus heureux succès que la premiere fois. Il s'assûroit aussi sur la protection de Monsieur le Prince de Conti.

Moliére quitta donc le Languedoc avec sa Troupe ; Mais il s'arrêta à Grenoble, où il joüa pendant tout le Carnaval. Après quoi ces Comédiens vinrent à Roüen, afin qu'étant plus à portée de Paris, leur merite s'y répandît plus aisément. Pendant ce sejour qui dura tout l'Eté, Moliere fit plusieurs voyages à Paris, pour se preparer une entrée chez Monsieur, qui lui ayant accordé sa protection, eut la bonté de le presenter au Roi & à la Reine Mere.

Ces Comediens eurent l'honneur de representer la Piece de Nicomede devant leurs Majestez au mois d'Octobre 1658. Leur debut fut heureux, & les Actrices sur tout furent trouvées bonnes. Mais comme Moliere sentoit bien que sa Troupe ne l'emporteroit pas pour le sérieux fur celle de l'Hôtel de Bourgogne , après la Piece il s'avança fur le Theâtre & fit un remerciment à Sa Majefté , & la fupplia d'agréer qu'il lui donnât un des petits divertiffemens , qui lui avoient acquis un peu de reputation dans les Provinces. En quoi il comptoit bien de reüiffir , parce qu'il avoit accoûtumé fa Troupe à joüer fur le champ de petites Comedies , à la maniere des Italiens. Il en avoit deux entre autres , que tout le monde en Languedoc , jufqu'aux perfonnes les plus ferieufes , ne fe laffoient point de voir reprefenter. C'étoient *les trois Docteurs rivaux* , & *le Maître d'Ecole* , qui étoient entierement daus le goût Italien.

Le Roi parut fatisfait du compliment de Moliere , qui l'avoit travaillé avec foin : Et Sa Majefté voulut bien qu'il lui donnât la premiere de ces deux petites Pieces , qui eut un fuccès favorable. Le Jeu de ces Comediens fut d'autant plus goûté , que depuis quelque tems on ne joüoit plus que des Pieces ferieufes à l'Hotel de Bourgogne ; Le plaifir des petites Comedies étoit perdu.

Le divertiffement que cette Troupe venoit de donner à Sa Majefté , lui ayant plû , Elle voulut qu'elle s'établit à Paris : Et pour faciliter cet établiffement , le Roi eut la bonté de donner le petit Bourbon à ces Comédiens , pour joüer alternativement avec les Italiens. On fçait qu'ils pafférent en 1660. au Palais Royal , & qu'ils prirent le titre de *Comediens de Monfieur.*

Moliere , qui en homme de bon fens , fe défioit toûjours de fes forces , eut peur alors que fes ouvrages n'euffent pas du Public de Paris autant d'aplaudiffement que dans les

Provinces. Il aprehendoit de trouver dans ce Parterre ; qui ne paſſois rien de defectueux dans ce tems-là , non plus qu'en celui-ci , des eſprits qui ne fuſſent pas plus contens de lui, qu'il l'étoit lui-même. Et ſi ſa Troupe dans les commencemens ne l'avoit excité à profiter des heureuſes diſpoſitions qu'elle lui connoiſſoit pour le Theâtre comique, peut-être ne ſe ſeroit-t-il pas hazardé de livrer ſes Ouvrages au Public. Je ne comprens pas , diſoit-il, à ſes camarades en Languedoc , comment des perſonnes d'eſprit prennent du plaiſir à ce que je leur donne: mais je ſçais bien qu'en leur place je n'y trouverois aucun goût. Eh ! ne craignez rien , lui répondit un de ſes amis , l'homme qui veut rire ſe divertit de tout , le Courtiſan comme le peuple. Les Comediens le raſſurérent à Paris, comme dans la Province, & ils commencerent à repreſenter dans cette grande Ville le 3. Novembre 1658. l'Etourdi, la Premiere de ſes Pieces , qu'il fit paroître dans ce même mois, & le Dépit amoureux qu'il donna au mois de Decembre ſuivant , furent reçuës avec aplaudiſſement : & Moliere enleva tout à fait l'eſtime du Public en 1659. par les Précieuſes ridicules : Ouvrage qui fit alors eſperer de cet Auteur les bonnes choſes qu'il nous a données depuis. Cette Piece fut repreſentée au ſimple la premiere fois , mais le jour ſuivant on fut obligé de la mettre au double , à cauſe de la foule incroyable , qui y avoit été le premier jour. Et cette Piece , de même que l'Etourdi , & le Dépit amoureux , quoique joüé : dans les Provinces pendant long-tems , eut cependant à Paris tout le merite de la nouveauté.

Les Précieuses furent joüées pendant quatre
mois de suite. Mr. Ménage qui étoit à la premiere réprésentation de cette Piéce, en jugea
„ favorablement. Elle fut joüée, dit-il, avec
„ un applaudissement général, & j'en fus si satis-
„ fait en mon particulier que je vis dès-lors
„ l'effet qu'elle alloit produire. Monsieur, dis-
„ je à Mr. Chapelain, en sortant de la Comedie,
„ nous aprouvions vous & moi toutes les soti-
„ ses qui viennent d'être critiquées si finement,
„ & avec tant de bon sens : mais, croyez-moi,
„ il nous faudra bruler ce que nous avons ado-
„ ré, & adorer ce que nous avons brûlé. Cela
„ arriva comme je l'avois prédit, & dés cette
„ premiere réprésentation l'on revint du gali-
„ mathias, & du stile forcé.

Un jour, que l'on réprésentoit cette Piéce,
un Vieillard s'écria du milieu du Parterre,
*courage, courage, Moliere, voilà la bonne Co-
medie.* Ce qui fait bien connoître que le Theâtre comique étoit alors bien négligé, & que
l'on étoit fatigué de mauvais Ouvrages avant
Moliére, comme nous l'avons été après l'avoir
perdu.

Cette Comedie eut cependant des Critiques ;
on disoit que c'étoit une charge un peu forte.
Mais Moliere connoissoit déja le point de vûë
du Théâtre, qui demande de gros traits pour
affecter le Public, & ce principe lui a toûjours
réüssi dans tous les caractéres qu'il a voulu peindre.

Le 28. Mars 1660. Moliere donna pour la premiere fois le Cocu imaginaire ; qui eut beaucoup de succès. Cependant les petits Auteurs
comiques de ce tems-là, allarmés de la réputation que Moliére commençoit à se former,

faiſoient leur poſſible pour décrier ſa Piéce. Quelques perſonnes ſavantes & délicates répan-
doient auſſi leur critique. Le titre de cet ouvrage, diſoient-ils, n'eſt pas noble ; & puiſqu'il
a pris preſque toute cette Piéce chez les Etran-
gers, il pouvoit choiſir un ſujet qu'il lui fît plus
d'honneur. Le commun des gens ne lui tenoit
pas compte de cette Piéce, comme des Précieuſes ridicules ; les caractéres de celle-là ne les
touchoient pas, auſſi vivement que ceux de l'autre. Cependant malgré l'envie des Troupes,
des Auteurs, & des perſonnes inquiétes, le Cocu imaginaire paſſa avec aplaudiſſement dans le
Public. Un bon Bourgeois de Paris, vivant bien
noblement, mais dans les chagrins, que l'humeur & la beauté de ſa femme lui avoient aſſez
publiquement cauſés, s'imagina que Moliére
l'avoit pris pour l'original de ſon Cocu imaginaire. Ce Bourgeois crut devoir en être offen-
ſé ; il en marqua ſon reſſentiment à un de ſes
amis. Comment ! lui dit-il, un petit Comédien aura l'audace de mettre impunément ſur le
Theâtre un homme de ma ſorte ? (Car le Bourgeois s'imagine être beaucoup plus au-deſſus
du Comédien, que le Courtiſan ne croit être
élevé a -deſſus de lui.) Je m'en plaindrai, a-
joûta-t-il : en bonne police on doit réprimer
l'inſolence de ces gens-là : ce ſont les peſtes d'u-
ne Ville ; ils obſervent tout pour le tourner en
ridicule. L'ami, qui étoit homme de bon ſens,
& bien informé, lui dit, Ih ! Monſieur, ſi Moliere a eu intention ſur vous, en faiſant le Cocu imaginaire, dequoi vous plaignez-vous ?
Il vous a pris du beau côté, & vous ſeriez
bien-heureux d'en être quitte pour l'imagination. Le Bourgeois, quoique peu ſatisfait de

la réponſe de ſon ami, ne laiſſa pas d'y faire quelque reflexion, & ne retourna plus au Cocu imaginaire.

Moliere ne fut pas heureux dans ſa ſeconde Piece nouvelle qu'il fit paroître à Paris le 4. Février 1661. Dom-Garcie de Navarre, où le Prince jaloux n'eut point de ſuccés. Moliere ſentit, comme le Public, le foible de ſa Piece. Auſſi ne la fit-il pas imprimer; on ne l'a ajoûtée à ſes ouvrages qu'après ſa mort.

Ce peu de réüſſite releva ſes ennemis; ils eſperoient qu'il tomberoit de lui-même, & que comme preſque tous les Auteurs comiques, il ſeroit bien-tôt épuiſé. Mais il n'en connut que mieux le goût du tems: il s'y accommoda entierement dans l'Ecole des Maris, qu'il donna le 24. Juin 1661. Cette Piece qui eſt une de ſes meilleures, confirma le Public dans la bonne opinion qu'il avoit conçeu de cet excellent Auteur. On ne douta plus que Moliere ne fût entierement maître du Theâtre dans le genre qu'il avoit choiſi. Ses envieux ne purent pourtant s'empêcher de parler mal de ſon Ouvrage. Je ne voi pas, diſoit un Auteur Contemporain, qui ne réüſſiſſoit point, où eſt le mérite de l'avoir fait: ce ſont les Adelphes de Terence; il eſt aiſé de travailler en y mettant ſi peu de ſoin, & c'eſt ſe donner de la réputation à peu de frais. On n'écoutoit point les perſonnes qui parloient de la ſorte: & Moliere eut lieu d'être ſatisfait du Public, qui aplaudit fort à ſa Piece: c'eſt auſſi une de celles que l'on verroit encore repreſenter aujourd'hui avec le plus de plaiſir, ſi elle étoit joüée avec autant de feu & de délicateſſe qu'elle l'étoit du tems de l'Auteur.

Les Fâcheux, qui parurent à la Cour au mois

d'Août 1661. & à Paris le 4. du mois de Novembre suivant, acheverent de donner à Moliere la superiorité sur tous ceux de son tems
qui travailloient pour le Theâtre comique. Là
diversité de caractéres dont cette Piece est
remplie, & la nature que l'on y voyoit pein-
te avec des traits si vifs, enlevoient tous les
applaudissemens du Public. On avoüa que Moliere avoit trouvé la belle Comedie : il la rendoit divertissante & utile. Cependant l'homme de Cour, comme l'homme de Ville, qui
croyoit voir le ridicule de son caractere sur le
Theâtre de Moliere, ataquoit l'Auteur de tous
côtez. Il outre tout, disoit-t-on ; il est iné-
gal dans ses peintures, il dénoüe mal. Toutes les dissertations malines que l'on faisoit sur
ses Pieces, n'en empêchoient pourtant point
le succès ; & le Public étoit toûjours de son
côté.

On lit dans la Préface, qui est à la tête des
Pieces de Moliere, qu'elles n'avoient pas d'é-
gales beautez, parce, dit-t'on, qu'il étoit obligé d'assujettir son génie à des Sujets qu'on lui
prescrivoit, & de travailler avec une tres-
grande précipitation. Mais je sai par de tres-
bons memoires qu'on ne lui a jamais donné de
sujets. Il en avoit un magazin d'ébauchez par
la quantité de petites farcés qu'il avoit hazar-
dées dans les Provinces ; & la Cour & la Ville
lui presentoient tous les jours des originaux
de tant de façons, qu'il ne pouvoit s'empêcher de travailler de lui-même sur ceux qui
frapoient le plus. Et quoi qu'il dise dans sa
Preface des Fâcheux, qu'il ait fait cette Piece
en quinze jours de tems, j'ai cependant de la
peine à le croire ; c'étoit l'homme du monde

qui travailloit avec le plus de difficulté ; & il
s'est trouvé que des divertissemens qu'on lui demandoit, étoient faits plus d'un an auparavant.

On voit dans les remarques de Mr. Ménage
„ que dans la Comédie des Fâcheux, qui est,
„ dit-t'il une des plus belles de Mr. de Moliere,
„ le Fâcheux Chasseur qu'il introduisit sur la
„ Scene, est Mr. de S * * : que ce fut le Roi qui
„ lui donna ce sujet, en sortant de la premiere
„ réprésentation de cette Piéce, qui se donna
chez Mr. Fouquet. Sa Majesté voyant passer
Monsieur de S * * dit à Moliere : voilà un grand
original que vous n'avez point encore copié.
Je n'ai pû savoir absolument si ce fait est vé-
ritable ; mais j'ai été mieux informé que Mr.
Ménage de la maniere dont cette belle Scene
du Chasseur fut faite. Moliere n'y a aucune
part que pour la versification ; car ne connoissant point la chasse, il s'excusa d'y travailler.
De sorte qu'une personne, que j'ai des raisons
de ne pas nommer, la lui dicta toute entiere
dans un jardin ; & Mr. de Moliere l'ayant versi-
fiée, en fit la plus belle Scene de ses Fâcheux,
& le Roi prit beaucoup de plaisir à la voir ré-
presenter.

L'Ecole des Femmes parut en 1662. avec un
peu de succès, les gens de spectacle furent parta-
gez : les Femmes outragées, à ce qu'elles
croyoient, débauchoient autant de beaux es-
prits qu'elles le pouvoient, pour juger de cette Piece comme elles en jugeoient. Mais que
trouvez-vous à redire d'essentiel à cette Piece, disoit un Connoisseur à un Courtisan de
distinction ? Ah parbleu ! ce que j'y trouve à
redire est plaisant, s'écria l'homme de Cour !

Tarte à la créme, morbleu, *Tarte à la créme.* Mais, *Tarte à la créme*, n'eſt point un défaut, répondit le bon eſprit, pour décrier une Piece comme vous le faites. *Tarte à la créme*; eſt éxécrable, repliqua le Courtiſan. *Tarte à la créme!* bon Dieu! avec du ſens commun, peutt-on ſoutenir une Piece où l'on ait mis *Tarte à la créme?* Cette expreſſion ſe répétoit par échos parmi tous les petits eſprits de la Cour & de la Ville, qui ne ſe prêtent jamais à rien, & qui incapables de ſentir le bon d'un Ouvrage, ſaiſiſſent un trait foible, pour ataquer un Auteur beaucoup au-deſſus de leur portée. Moliere outré à ſon tour des mauvais jugemens que l'on portoit ſur ſa piece, les ramaſſa, & en fit la Critique de l'Ecole des Femmes, qu'il donna en 1663. Cette piece fit plaiſir au Public : elle étoit du tems & ingénieuſement travaillée.

L'impromptu de Verſailles, qui fut joüé pour la premiére fois devant le Roi le 14. d'Octobre 1663. & à Paris le 4. de Novembre de la même année, n'eſt qu'une converſation ſatyrique entre les Comediens, dans laquelle Moliere ſe donne carriere contre les Courtiſans, dont les caracteres lui déplaiſoient; contre les Comediens de l'Hôtel de Bourgogne; & contre ſes ennemis.

Moliere, né avec des mœurs droites, & dont les manieres étoient ſimples & naturelles, ſouffroit impatiemment le Courtiſan empreſſé, flatteur, médiſant, inquiet, incommode, faux ami. Il ſe déchaîne agréablement dans ſon impromptu contre ces Meſſieurs-là, qui ne lui pardonnoient pas dans l'occaſion. Il ataque leur mauvais goût pour les ouvrages : il tâche d'ôter tout crédit au jugement qu'ils faisoient des siens.

Mais il s'atache sur tout à tourner en ridicule une Piece intitulée le *Portrait du Peintre*, que Mr. Boursaut avoit faite contre lui , & à faire voir l'ignorance des Comediens de l'Hôtel de Bourgogne dans la déclamation , en les contrefaisant tous si naturellement, qu'on les reconnoissoit dans son jeu. Il épargna le seul Floridor. Il avoit tres-grande raison de charger sur leur mauvais goût. Ils ne savoient aucuns principes de leur art ; ils ignoroient même qu'il en eût. Tout leur jeu ne consistoit que dans une prononciation ampoulée & emphatique , avec laquelle ils recitoient également tous leurs rôles ; on n'y reconnoissoit ni mouvemens, ni passion : & cependant les Beauchâteau ; les Mondori , étoient aplaudis , par ce qu'il faisoient pompeusement ronfler un vers. Moliere , qui connoissoit l'action par principes , étoit indigné d'un jeu si mal réglé , & des aplaudissemens que le Public ignorant lui donnoit. De sorte qu'il s'apliquoit à mettre ses Acteurs dans le naturel : & avant lui , pour le comique , & avant Mr. le Baron, qu'il forma dans le sérieux , comme je le dirai dans la suite , le jeu des Comediens étoit pitoyable pour les personnes qui avoient le goût délicat : & nous nous appercevons malheureusement que la plûpart de ceux qui representent aujourd'hui , destituez d'étude qui les soûtienne dans la connoissance des principes de leur art , commencent à perdre ceux que que Moliere avoit établis dans sa Troupe.

La différence de jeu avoit fait naître de la jalousie entre les deux Troupes. On alloit à celle de l'Hôtel de Bourgogne : les Auteurs Tragiques y portoient presque tous leurs Ouvrages : Moliere en étoit fâché. De maniere qu'ayant sçû qu'ils devoient representer une Piece nouvelle dans deux mois, il se mit en tête d'en avoir une toute prête pour ce tems-là, afin de figurer avec l'ancienne Troupe. Il se souvint qu'un an auparavant un jeune homme lui avoit aporté une Piece intitulée, Theagene & Chariclée, qui à la verité ne valoit rien : mais qui lui avoit fait voir que ce jeune homme en travaillant pouvoit devenir un excellent Auteur. Il ne la rebuta point, mais il l'exhorta de se perfectionner dans la Poësie, avant que de hazarder ses Ouvrages au Public : & il lui dit de revenir le trouver dans six mois. Pendant ce tems-là Moliere fit le dessein des Freres Ennemis : mais le jeune homme n'avoit point encore paru : & lorsque Moliere en eut besoin, il ne savoit où le prendre : il dit à ses Comédiens de le lui déterrer à quelque prix que ce fût. Ils le trouverent. Moliere lui donna son projet, & le pria de lui en aporter un acte par semaine, s'il étoit possible. Le jeune Auteur, ardent & de bonne volonté, répondit à l'empressement de Moliere : mais celui-ci remarqua qu'il avoit pris presque tout son travail dans la Thebaïde de Rotrou. On lui fit entendre que l'on n'avoit point d'honneur à remplir son Ouvrage de celui d'autrui ; que la piece de Rotrou étoit assez récente pour être encore dans la mémoire des Spectateurs : & qu'avec les heureuses dispositions qu'il avoit, il falloit qu'il se fît honneur de son premier ouvrage, pour disposer favorablement le Public à en recevoir de meil-

leurs. Mais comme le tems preſſoit , Moliere
lui aida à changer ce qu'il avoit pillé , & à
achever la piece , qui fut prête dans le tems ,
& qui fut d'autant plus aplaudie , que le Public ſe prêta à la jeuneſſe de Mr. Racine , qui
fut animé par les aplaudiſſemens, & par le pré-
ſent que Moliere lui fit. Cependant ils ne furent pas long-tems en bonne intelligence , s'il
eſt vrai que ce ſoit celui-ci qui ait fait la Critique de l'Andromaque , comme Mr. Racine le
croyoit : il eſtimoit cet Ouvrage , comme un
des meilleurs de l'Auteur : mais Moliere n'eut
point de part à cette Critique : elle eſt de Mr. de
Subligny.

Le Roi connoiſſant le merite de Moliere,
& l'atachement particulier qu'il avoit pour divertir Sa Majeſté , daigna l'honorer d'une penſion de mille livres. On voit dans ſes Ouvrages le remerciment qu'il en fit au Roi. Ce
bienfait aſſura Moliere dans ſon travail : il
crût après cela qu'il pouvoit penſer favorablement de ſes Ouvrages , & il forma le deſſein
de travailler ſur de plus grands caracteres , &
de ſuivre le goût de Terence un peu plus qu'il
n'avoit fait ! il ſe livra avec plus de fermeté
aux Courtiſans , & aux Savans , qui le recher-
choient avec empreſſement : on croyoit trouver un homme auſſi éguayé , auſſi juſte dans
la converſation , qu'il étoit dans ſes pieces :
& l'on avoit la ſatisfaction de trouver dans ſon
commerce encore plus de ſolidité , que dans
ſes Ouvrages. Et ce qu'il y avoit de plus agréable pour ſes amis , c'eſt qu'il étoit d'une droiture de cœur inviolable , & d'une juſteſſe d'eſprit
peu commune.

On ne pouvoit ſouhaiter une ſituation plus

heureuse que celle où il étoit à la Cour , & à
Paris depuis quelques années. Cependant il
avoit crû que son bonheur seroit plus vif &
plus sensible , s'il le partageoit avec une femme : il voulut remplir la passion que les char-
mes naissans de la fille de la Béjart avoient
nourrie dans son cœur , à mesure qu'il avoit
crû. Cette jeune fille avoit tous les agrémens
qui peuvent engager un homme , & tout l'esprit necessaire pour le fixer. Moliere avoit passé des amusemens que l'on se fait avec un enfant , à l'amour le plus violent qu'une maîtresse puisse inspirer. Mais il savoit que la mere
avoit d'autres vûës , qu'il auroit de la peine à
déranger. C'étoit une femme altiere , & peu
raisonnable , lors qu'on n'adheroit pas à ses
sentimens : elle aimoit mieux être l'amie de
Moliere que sa belle-mere : ainsi il auroit tout
gâté de lui déclarer le dessein qu'il avoit d'é-
pouser sa fille. Il prit le parti de le faire sans
en rien dire à cette femme. Mais comme elle
l'observoit de fort près , il ne put consommer
son mariage pendant plus de neuf mois : ç'eût
été risquer un éclat qu'il vouloit éviter sur
toutes choses ; d'autant plus que la Béjart,
qui le soupçonnoit de quelque dessein sur sa
fille, le menaçoit souvent en femme furieuse &
extravagante de le perdre , lui, sa fille & elle
même, si jamais il pensoit à l'épouser. Cependant la jeune fille ne s'accommodoit point
de l'emportement de sa mere , qui la tourmen-
toit continuellement , & qui lui faisoit essuyer
tous les desagrémens qu'elle pouvoit inventer :
de sorte que cette jeune personne, plus lasse
peut-être d'atendre le plaisir d'être femme ,
que de souffrir les duretez de sa mere , se dé-

temina un matin de s'aller jetter dans l'appartement de Moliére, fortement résoluë de n'en point sortir qu'il ne l'eût connuë pour sa femme, ce qu'il fut contraint de faire. Mais cet éclaircissement causa un vacarme terrible, la mere donna des marques de fureur, de desespoir, comme si Moliere avoit épousé sa rivale, ou comme si sa fille fût tombée entre les mains d'un malheureux. Néanmoins, il fallut bien s'apaiser, il n'y avoit point de remede : & la raison fit entendre à la Béjart, que le plus grand bonheur qui pût arriver à sa fille étoit d'avoir épousé Moliere : qui perdit par ce mariage tout l'agrément que son mérite & sa fortune pouvoient lui procurer, s'il avoit été assez Philosophe pour se passer d'une femme.

Celle-ci ne fut pas plûtôt, Mademoiselle de Moliere qu'elle crut être au rang d'une Duchesse, & elle ne se fut pas donnée en Spectacle à la Comedie que le Courtisan desoccupé lui en conta. Il est bien difficile à une Comedienne belle, & soigneuse de sa personne, d'observer si bien sa conduite, que l'on ne puisse l'ataquer. Qu'une Comedienne rende à un grand Seigneur les devoirs de politesse qui lui sont dû, il n'y a point de miséricorde : c'est son amant. Moliere s'imagina que toute la Cour, toute la Ville en vouloit à son Epouse. Elle négligea de l'en desabuser : Au contraire les soins extraordinaires qu'elle prenoit de sa parure, à ce qu'il lui sembloit, pour tout autre que pour lui, qui ne demandoit point tant d'arangement, ne firent qu'augmenter ses soupçons, & sa jalousie. Il avoit beau representer à sa femme la maniere dont elle devoit se conduire, pour passer heureusement la vie ensemble.
Elle

Elle ne profitoit point de ſes leçons, qui lui paroiſſoient trop ſévéres pour une jeune perſonne, qui d'ailleurs n'avoit rien à ſe réprocher. Ainſi Moliere aprés avoir eſſuyé beaucoup de froideurs & de diſſentions domeſtiques, fit ſon poſſible pour ſe renfermer dans ſon travail & dans ſes amis, ſans ſe mettre en peine de la conduite de ſa femme.

La Princeſſe d'Elide, qui fut répreſentée dans une grande Fête, que le Roi donna aux Reines, & à toute ſa Cour au mois de Mai 1664. fit à Moliere tout l'honneur qu'il en pouvoit atendre : Cette piéce le réconcilia, pour ainſi dire, avec le Courtiſan chagrin : elle parut dans un tems de plaiſirs, le Prince l'avoit aplaudie, Moliere à la Cour étoit inimitable : on lui rendoit juſtice de tous côtez : les ſentimens qu'il avoit donnez à ſes Perſonnages : ſes vers, ſa proſe (car il n'avoit pas eu le tems de verſifier toute ſa piéce) tout fut trouvé excellent dans ſon Ouvrage. Mais le Mariage forcé, qui fut répreſenté le dernier jour de la Fête du Roi, n'eut pas le même ſort chez le Courtiſan. Eſt-ce le même Auteur, diſoit-t'on, qui a fait ces deux piéces ? Cet homme aime à parler au Peuple : il n'en ſortira jamais : il croit encore être ſur ſon Theâtre de campagne. Malgté cette critique, qui étoit peut - être en ſa place, Sganarelle avec ſes expreſſions, ne laiſſa pas de faire rire l'homme de Cour.

La Princeſſe d'Elide, & le Mariage forcé eurent auſſi leurs aplaudiſſemens à Paris au mois de Novembre de la même année : mais bien des Gens ſe recriérent contre cette derniére piéce, qui n'auroit pas paſſé ſi un autre Auteur l'avoit donnée : & ſi elle avoit été joüée

par d'autres Comediens que ceux de la Troupe de Moliere, qui par leur jeu faisoient goû-
ter au Bourgeois les choses les plus communes.

Moliere, qui avoit accoûtumé le Public à
lui donner souvent de nouveautez, hazarda
son Festin de Pierre le 15. de Fevrier 1665. On
en jugea dans ce tems-la, comme on en juge
en celui-ci. Et Moliere eut la prudence de ne
point faire imprimer cette Piece, dont on fit dans
le tems une tres-mauvaise Critique.

C'est une question souvent agitée dans les
conversations, sçavoir si Moliere a maltraité
les Medecins par humeur, ou par ressentiment.
Voici la solution de ce problême. Il logeoit
chez un Medecin, dont la femme, qui étoit
extrêmement avare, dit plusieurs fois à la Moliere qu'elle vouloit augmenter le loyer de la
portion de maison qu'elle occupoit. Celle-ci
qui croyoit encore trop honorer la femme du
Medecin de loger chez elle, ne daigna seulement pas l'écouter : de sorte que son appartement fut loüé à la Du-Parc : & on donna con-
gé à la Moliere. C'en fut assez pour former
de la dissension entre ces trois femmes. La
Du-Parc pour se mettre bien avec sa nouvelle Hôtesse, lui donna un billet de Comédie :
celle-ci s'en servit avec joye, parce qu'il ne
lui en coûtoit rien pour voir le spectacle. Elle n'y fut pas plûtôt, que la Moliere envoya
deux Gardes pour la faire sortir de l'Amphi-
teâtre : & se donna le plaisir d'aller lui dire elle-même, que puisqu'elle la chassoit de sa
maison, elle pouvoit bien à son tour la faire
sortir d'un lieu, où elle étoit la maîtresse.
La femme du Médecin, plus avare que suscep-
tible de honte, aima mieux se retirer que de

payer ſa place. Un traitement ſi offençant cauſa de la tumeur: les maris prirent parti trop vivement : de ſorte que Moliére , qui étoit tresfacile à entraîner par les perſonnes qui le touchoient, irrité contre le Medecin , pour ſe venger de lui , fit en cinq jours de tems la Comedie de l'Amour Medecin , dont il fit un divertiſſement pour le Roi le 15. Septembre 1665. & qu'il repreſenta à Paris le 22. du même mois. Cette piece ne relevoit pas à la verité le mérite de ſon Auteur : Moliere le ſentit lui-même, puiſqu'en la faiſant imprimer il prévient ſon Lecteur ſur le peu de tems qu'il avoit employé à la faire , & ſur le peu de plaiſir qu'elle peut faire à la lecture.

Depuis ce tems-là Moliére n'a pas épargné les Medecins dans toutes les occaſions qu'il en a pu amener, bonnes ou mauvaiſes. Il eſt vrai qu'il avoit peu de confiance en leur ſavoir , & il ne ſe ſervoit d'eux que fort rarement, n'ayant, à ce que l'on dit, jamais été ſaigné. Et l'on rapporte dans deux livres de remarques que Mr. de Mauvilain, & lui, étant à Verſailles au dîner du Roi, Sa Majeſté dit à Moliere : voi- ,, là donc vôtre Medecin ? Que vous fait-il ? Si- ,, re , répondit Moliere, nous raiſonnons enſem- ,, ble ; il m'ordonne des remedes ; je ne les fais ,, point , & je gueris. On m'a aſſûré que Moliere définiſſoit un Medecin. Un homme que l'on paye pour conter des fariboles dans la chambre d'un malade , juſqu'à ce que la nature l'ait gueri, ou que les remedes l'ayant tué. Cependant un Medecin du tems , & de la connoiſſance de Moliere, veut lui ôter l'honneur de cette heureuſe définition , & il m'a aſſuré qu'il en étoit l'Auteur. Mr. de Mauvilain eſt le Medecin pour lequel Moliere a fait le troisiéme placet qui eſt à la tête de ſon Tartuffe, lors qu'il demanda au Roi un Canonicat de Vincennes pour le fils de ce Medecin.

Moliere étoit continuellement ocupé du ſoin de rendre ſa Troupe la meilleure. Il avoit de bons Acteurs pour le Comique, mais il lui en manquoit pour le ſérieux, qui répondiſſent à la maniere dont il vouloit qu'il fut recité ſur le Theâtre. Il ſe preſenta une favorable occaſion de remplir ſes intentions, & le plaiſir qu'il avoit de faire du bien à ceux qui le meritoient. Mr. le Baron a toûjours été de ces ſujets heureux qui touchent à la premiere vûë. Je me flate qu'il ne trouvera point mauvais que je diſe comment il excita Moliere à lui vouloir du bien; c'eſt un des plus beaux endroits de la Vie d'un homme, dont la memoire doit lui être chere.

Un Organiſte de Troïe, nommé Raiſin, fortement ocupé du déſir de gagner de l'argent, fit faire une épinette à trois claviers, longue à peu près de trois pieds, & large de deux & demi, avec un corps, dont la capacité étoit le double plus grande que celle des épinettes ſordinaires. Raiſin avoit quatre enfans, tous jolis, deux garçons, & deux filles, il leur avoit apris à joüer de l'épinete. Quand il eut perfectionné ſon idée, il quitte ſon orgue, & vient à Paris avec ſa femme, ſes enfans, & l'épinette. Il obtint une permiſſion de faire voir à la foire Saint Germain le petit ſpectacle qu'il avoit preparé. Son affiche, qui promettoit un Prodige de mechanique, & d'obéïſſance dans une épinette, lui attira du monde les premieres fois ſuffiſamment pour que le Public fût averti que jamais on n'avoit vû une choſe auſſi é-

tonnante que l'épinette du Troyen. On va la voir
en foule, tout le monde l'admire, tout le monde
en eſt ſurpris; & peu de perſonnes pouvoient deviner l'artifice de cet inſtrument. D'abord le
petit Raiſin l'aîné , & ſa petite ſœur Babet ſe
mettoient chacun à ſon clavier , & joüoient enſemble une piece, que le troiſiéme clavier répétoit ſeul d'un bout à l'autre , ſes deux enfans ayant les bras levés. Enſuite le pere les
faiſoit retirer, & prenoit une clef , avec laquelle il montoit cet inſtrument; par le moyen d'u-
ne roüe qui faiſoit un vacarme terrible dans le
corps de la machine , comme s'il y avoit eu
une multipliciré de roües, poſſibles & neceſſai-
re pour éxécuter ce qu'il lui falloit faire joüer. Il la
changeoit même ſouvent de place pour ôter
tout ſoupçon. Hé! épinette , diſoit-il , à cet
inſtrument , quand tout étoit preparé , joüez-
moi une telle courante. Auſſi-tôt l'obéïſſante
épinette joüoit cette piece entiere. Quelquefois Raiſin l'interrompoit , en lui diſant : Ar-
rêtez-vous ſépinette. S'il lui diſoit de pourſui-
vre la piece, elle la pourſuivoit ; d'en joüer
une autre , elle la joüoit ; de ſe taire elle ſe
taiſoit.

Tout Paris étoit ocupé de ce petit prodige ;
les eſprits foibles croyoioient Raiſin ſorcier; les
plus préſomptueux ne pouvoient le deviner. Cependant la foire valut plus de vingt mille livres
à Raiſin. Le bruit de cette épinette alla juſqu'au Roi: Sa Majeſté voulut la voir ; & en ad-
mira l'invention. Elle la fit paſſer dans l'appartement de la Reine, pour lui donner un ſpectacle
ſi nouveau. Mais S. M. en fut tout d'un coup effra-
yée ; de ſorte que le Roi ordonna ſur le champ
que l'on couvrit le corps de l'épinette , d'où

l'on vit fortir un petit enfant de cinq ans , beau comme Ange. C'étoit Raifin le cadet, qui fut dans le moment careffé de toute la Cour. Il étoit tems que le pauvre enfant fortit de fa prifon, où il étoir fi mal à fon aife depuis cinq ou fix heures, que l'épinette en avoit contraćté une mauvaife odeur.

Quoique le fecret de Raifin fût découvert, il ne laiffa pas de former le deffein de tirer encore parti de fon épinette à la foire fuivante. Dans le tems il fait afficher , & il annonce le même fpećtacle que l'année précedente : mais il promet de découvrir fon fecret , & d'acompagner fon épinette , d'un petit divertiffement. Cette foire fut auffi heureufe pour Raifin que la premiere. Il commençoit fon fpećtacle par fa machine , enfuite de quoi les trois enfans dançoient une farabande : ce qui étoit fuivi d'une Comedie que ces trois petites perfonnes , & quelques autres dont Raifin avoit formé une Troupe, reprefentoient tant bien que mal. Ils avoient deux petites pieces qu'ils faifoient rouler. *Tricaffin rival* , & l'*Andoüille de Troye*. Cette Troupe prit le titre de Comediens de Monfieur le Dauphin, & elle fe donna en fpećtacle avec fuccès pendant du tems.

Je fais que cette Hiftoire n'eft pas tout-à-fait de mon fujet : mais elle m'a paru fi finguliere, que je ne crois pas que l'on me fache mauvais gré de l'avoir donnée. D'ailleurs on verra par la fuite, qu'elle a du rapport à quelques particularitez qui regardent Moliere.

Pendant que cette nouvelle troupe fe faifoit valoir, le petit Baron étoit en penfion à Villejuif : & un Oncle , & une Tante fes Tuteurs avoient déja mangé la plus grande & la meilleure partie du bien que fa mere lui avoit laiſſé, & lui en reſtant peu qu'ils pûſſent conſommer, ils commençoient à être embarraſſez de ſa perſonne. Ils pourſuivoient un procés en ſon nom : leur Avocat, qui ſe nommoit Margane, aimoit beaucoup à faire de méchans vers : une piece de ſa façon intitulée, *la Nimphe doduë*, qui coûroit parmi le peuple, faiſoit aſſez connoître la mauvaiſe diſpoſition qu'il avoit pour la Poëſie. Il demanda un jour à l'Oncle & à la Tante de Baron de ce qu'ils vouloient faire de leur pupille. Nous ne le ſçavons point, dirent-ils ; ſon inclination ne paroît pas encore, cependant il recite continuellement des vers. Et bien, répondit l'Avocat, que ne le mettez-vous dans cette petite Troupe de Monſieur le Dauphin, qui a tant de ſuccés. Ces parens ſaiſirent ce conſeil plus par envie de ſe defaire de l'enfant, pour diſſiper plus aiſément le reſte de ſon bien, que dans la vûë de faire valoir le talent qu'il avoit apporté en naiſſant. Ils l'engagerent donc pour cinq ans dans la Troupe de la Raiſin, car ſon mari étoit mort alors. Cette femme fut ravie de trouver un enfant qui étoit capable de remplir tout ce qu'on ſouhaiteroit de lui : Et elle fit ce petit contrat avec d'autant plus d'empreſſement, qu'elle y avoit été fortement incitée par un fameux Medecin qui étoit de Troïe, & qui s'intereſſant à l'établiſſement de cette veuve, jugeoit que le petit Baron pouvoit y contribuer, étant fils d'une des meilleures Comediennes qui ait jamais été.

Le petit Baron parut ſur le Theâtre de la Raiſin avec tant d'aplaudiſſement qu'on le fut voir joüer avec plus d'empreſſement que l'on n'en avoit eu à chercher l'épinette. Il étoit ſurprenant qu'un enfant de dix ou onze ans, sans avoir été conduit dans les principes de la déclamation, fit valoir une passion avec autant d'esprit qu'il le faisoit.

La Raisin s'étoit établie après la foire proche du vieux Hôtel de Guénégaud, & elle ne quitta point Paris qu'elle n'eût gagné vingt mille écus de bien. Elle crut que la campagne ne lui seroit pas moins favorable : mais à Roüen, au lieu de préparer le lieu de son spectacle, elle mangea ce qu'elle avoit d'argent avec un Gentil-homme de Monsieur le Prince de Monaco, nommé Olivier, qui l'aimoit à la fureur, & qui la suivoit par tout, de sorte qu'en très-peu de tems sa Troupe fut reduite dans un état pitoyable. Ainsi destituée de moyens pour joüer la Comedie à Roüen, la Raisin prit le parti de revenir à Paris avec ses petits Comediens & son Olivier.

Cette femme n'ayant aucune ressource, & connoissant l'humeur bien-faisante de Moliere, alla le prier de lui prêter son Theâtre pour trois jours seulement, afin que le petit gain qu'elle esperoit de faire dans ses trois representions lui servit à remettre sa Troupe en état. Moliere voulut bien lui accorder ce qu'elle lui demandoit. Le premier jour fut plus heureux qu'elle ne se l'étoit promis, mais ceux qui avoient entendu le petit Baron, en parlerent si avantageusement, que le second jour qu'il parut sur le Theâtre, le lieu étoit si rempli, que la Raisin fit plus de mille écus.

Moliere, qui étoit incommodé, n'avoit pû voir le petit Baron les deux premiers jours ; mais tout le monde lui en dit tant de bien, qu'il se fit porter au Palais Royal à la troisiéme reprefentation ; tout malade qu'il étoit. Les Comédiens de l'Hôtel de Bourgogne n'en avoient manqué aucune, & ils n'avoient pas moins furpris du jeune Acteur, que l'étoit le Public, fur tout la Du-Parc, qui le prit tout d'un coup en amitié, & qui bien ferieufement avoit fait de grands préparatifs pour lui donner à foûper ce jour-là. Le petit homme, qui ne fçavoit auquel entendre pour recevoir les careffes qu'on lui faifoit ; promit à cette Comedienne qu'il iroit chez elle. Mais la partie fut rompuë par Moliere, qui lui dit de venir foûper avec lui. C'étoit un Maître & un Oracle quand il parloit. Et ces Comediens avoient tant de déférence pour lui, que Baron n'ofa lui dire qu'il étoit retenu, & la Du-Parc n'avoit garde de trouver mauvais que le jeune homme lui manquât de parole. Ils regardoient tous ce bon accueil, comme la fortune de Baron, qui ne fut pas plûtôt arrivé chez Moliere, que celui-ci commença par envoyer chercher fon Tailleur, pour le faire habiller, (car il étoit en très-mauvais état) & il recommanda au Tailleur que l'habit fût très-propre ; complet, & fait dès le lendemain matin. Moliere interrogeoit & obfervoit continuellement le jeune Baron pendant le foûper ; & il le fit coucher chez lui, pour avoir plus le tems de connoître fes fentimens par la converfation, afin de placer plus feurement le bien qu'il lui vouloit faire.

Le lendemain matin le Tailleur éxact aporta fur les neuf à dix heures au petit Baron un équipage tout complet. Il fut tout étonné, & fort aife de fe voir tout d'un coup fi bien ajufté. Le Tailleur lui dit qu'il falloit defcendre dans l'appartement de Moliere pour le remercier. C'eft

bien mon intention, répondit le petit homme,
mais je ne crois pas qu'il soit encore levé. Le
Tailleur l'ayant asseuré du courage, il des-
cendit & fit un compliment de reconnoissance
à Moliere, qui en fut tres-satisfait, & qui ne
se contenta pas de l'avoir si bien fait accommoder, il lui donna encore six Loüis d'or, avec
ordre de les dépenser à ses plaisirs. Tout cela
étoit un rêve pour un enfant de douze ans, qui
étoit depuis long-tems entre les mains de gens
durs, avec lesquels il avoit souffert, & il étoit
dangereux & triste qu'avec les favorables dispositions qu'il avoit pour le Theâtre, il restât
en de si mauvaises mains. Ce fut cette fâcheuse
situation qui toucha Moliere, Il s'aplaudit d'être
en état de faire du bien à un jeune homme qui
paroissoit avoir toutes les qualitez necessaires
pour profiter du soin qu'il vouloit prendre de
lui, il n'avoit garde d'ailleurs, à le prendre du
côté du bon esprit, de manquer une occasion si
favorable d'assûrer sa Troupe, en y faisant entrer le petit Baron.

Moliere lui demanda ce que sincerement il
souhaiteroit le plus alors ? D'être avec vous le
reste de mes jours, lui répondit baron, pour
vous marquer ma vive reconnoissance de toutes
les bontez que vous avez pour moi. Eh ! bien,
lui dit Moliere, c'est une chose faite, le Roi
vient de m'acorder un ordre pour vous ôter de
la Troupe où vous êtes. Moliere qui s'étoit levé
dès quatre heures du matin, avoit été à S.
Germain, supplier Sa Majesté de lui accorder
cette grace, & l'ordre avoit été expedié sur le
champ.

La Raisin ne fut pas long-tems à sçavoir son
malheur, animée par son Olivier, elle entra

toute furieuse le lendemain matin dans la chambre de Moliere, deux piſtolets à la main, & lui dit que s'il ne lui rendoit ſon Acteur, elle alloit lui caſſer la tête. Moliere, ſans s'émouvoir, dit à ſon domeſtique de lui ôter cette femme-là. Elle paſſa tout d'un coup de l'emportement à la douleur ; les piſtolets lui tomberent des mains, & elle ſe jetta aux pieds de Moliere, le conjurant, les larmes aux yeux, de lui rendre ſon Acteur; & lui expoſant la miſere où elle alloit être reduite, elle & toute ſa famille s'il le retenoit. Comment voulez-vous que je faſſe, lui dit-il ; le Roi veut que je le retire de vôtre Troupe, voilà ſon ordre. La Raiſin voyant qu'il n'y avoit plus d'eſpérance, pria Moliere de lui accorder du moins que le petit Baron joüât encore trois jours dans ſa Troupe. Non ſeulement trois, répoudit Moliere, mais huit ; à condition pourtant qu'il n'ira point chez vous, & que je le ferai toûjours accompagner par un homme qui le ramenera dès que la piece ſera finie. Et cela de peur que cette femme & Olivier, ne ſéduiſiſſent l'eſprit du jeune homme, pour le faire retourner avec eux. Il falloit bien que la Raiſin en paſſât par là; mais ces huit jours lui donnerent beaucoup d'argent, avec lequel elle voulut faire un établiſſement près de l'Hôtel de Bourgogne, mais dont le détail & le ſuccès ne regardent point mon ſujet.

Moliere qui aimoit les bonnes mœurs, n'eut pas moins d'attention à former celles de Baron, que s'il eût été ſon propre fils ; il cultiva avec ſoin les diſpoſitions extraordinaires qu'il avoit pour la déclamation. Le Public ſçait comme moi juſqu'à quel dégré de perfection il l'a élevé.

Mais ce n'eſt pas le ſeul endroit par lequel il nous a fait voir qu'il a ſçû profiter de leçons d'un ſi grand Maître, qui depuis ſa mort, a ſoûtenu plus ſeurement le Theâtre comique, que Monſieur Baron ?

Le Roi ſe plaiſoit tellement aux divertiſſemens fréquens que la Troupe de Moliere lui donnoit, qu'au mois d'Août 1665. Sa Majeſté jugea à propos de la fixer tout à fait à ſon ſervice, en lui donnant une penſion de ſept mille livres. Elle prit alors le titre de la Troupe du Roi, qu'elle a toûjours conſervé depuis, & elle étoit de toutes les fêtes qui ſe faiſoient par tout où étoit Sa Majeſté.

Moliere de ſon côté n'épargnoit ni ſoins, ni veilles pour ſoûtenir & augmenter la réputation qu'il s'étoit acquiſe, & pour répondre aux bontez que le Roi avoit pour lui. Il conſultoit ſes amis, il examinoit avec attention ce qu'il travailloit, on ſçait même que lorſqu'il vouloit que quelque Scene prît le Peuple des Spectateurs comme les autres, il la liſoit à ſa ſervante pour voir ſi elle en ſeroit touchée. Cependant il ne ſaiſiſſoit pas toûjours le Public d'abord, il l'éprouva dans ſon Avare. A peine fut-il repreſenté ſept fois. La proſe dérouta ce Public. Comment diſoit Monſieur le Duc de * * * Moliere eſt-il fou, & nous prend il pour des beneſts, de nous faire eſſuyer cinq Actes de proſe ? A-t-on jamais vû plus d'extravagance ? Le moyen d'être diverti par de la proſe ! Mais Moliere fut bien vangé de ce Public injuſte & ignorant quelques années après : il donna ſon Avare pour la ſeconde fois le 9. Septembre 1668. On y fut en foule, & il fut joüé preſque toute l'année; tant il eſt vrai que le Public goûte rarement les bonnes chofes quand il eft dépaifé. Cinq Actes de profe l'avoient revolté la premiere fois ; mais la lecture & la reflexion l'avoient ramené, & il fut voir avec empreffement une piece qu'il avoit méprifée dans les commencemens.

Cependant ces jugemens injuftes & de cabale, & la fituation domeftique où fe trouvoit Moliere , ne laiffoient pas de le troubler, quelque heureux qu'il fût du côté de fon Prince , & de celui de fes amis. Son mariage diminua l'amitié que la Béjart avoit pour lui auparavant, au lieu de la cimenter : de maniere qu'il voyoit bien que fa belle-mere ne l'aimoit plus , & il s'imaginoit que fa femme étoit prête à le haïr. L'efprit de ces deux femmes étoit tellement opofé à celui de Moliere qu'à moins de s'affujettir à leur conduite , & à leur humeur , il ne devoit pas compter de joüir d'aucuns momens agreables avec elles. Le bien que Moliere faifoit à Baron déplaifoit à fa femme : fans fe mettre en peine de répondre à l'amitié qu'elle vouloit exiger de fon mari, elle ne pouvoit fouffrir qu'il eût de la bonté pour cet enfant, qui de fon côté à treize ans n'avoit pas toute la prudence neceffaire , pour fe gouverner avec une femme , pour qui il devoit avoir des égards. Il fe voyoit aimé du mari ; neceffaire même à fes fpectacles , careffé de toute la Cour , il s'embarraffoit fort peu de plaire, ou non à la Moliere : elle ne le négligeoit pas moins : elle s'échapa même un jour de lui donner un foufflet fur un fujet affez leger. Le jeune homme en fut fi vivement piqué qu'il fe retira de chez Moliere:il crût fon honneur intereffé d'avoir été batu par une femme. Voilà de la rumeur dans la maison. Est-il possible, dit Moliere à son Epouse, que vous ayez l'imprudence de fraper un enfant aussi sensible que vous connoissez celui-là ; & encore dans un tems où il est chargé d'un rôle de six cens vers dans la piece que nous devons representer incessamment devant le Roi ? On donna beaucoup de mauvaises raisons, piquantes même, ausquelles Moliere prit le parti de ne point répondre ; il se retrancha à tâcher d'adoucir le jeune homme, qui s'étoit sauvé chez la Raisin. Rien ne pouvoit le ramener, il étoit trop irrité : cependant il promit qu'il representeroit son rôle : mais qu'il ne rentreroit point chez Moliere. En éfet il eût la hardiesse de demander au Roi à saint Germain la permission de se retirer. Et incapable de réflexion, il se remit dans la Troupe de la Raisin, qui l'avoit excité à tenir ferme dans son ressentiment.

Cette femme prit la résolution de courir la Province avec sa Troupe, qui réüssit assez partout à cause de son Acteur. Mais elle se dérangea par la suite. Il s'en forma une meilleure, dans laquelle étoit Mademoiselle de Beauval : Baron jugea à propos de s'y mettre. Cependant il étoit toûjours occupé de Moliere : l'âge, le changement lui faisoient sentir la reconnoissance qu'il lui devoit, & le tort qu'il avoit eu de le quitter. Il ne cachoit point ces sentimens, & il disoit publiquement qu'il ne cherchoit point à se remettre avec lui, parce qu'il s'en reconnoissoit indigne. Ces discours furent rapportez à Moliere : il en fut bien aise ; & ne pouvant tenir contre l'envie qu'il avoit de faire revenir ce jeune homme dans fa Troupe , qui en avoit befoin , il lui écrivit à Dijon une lettre tres-touchante : & comme s'il avoit été affuré que Baron adhéreroit à fa priere, & répondroit au bien qu'il lui faifoit, il lui envoya un nouvel ordre du Roi, & lui marqua de prendre la pofte pour fe rendre plus promptement auprès de lui.

Moliere avoit fouffert de l'abfence de Baron : l'éducation de ce jeune homme l'amufoit dans fes momens de relâche ; les chagrins de famille augmentoient tous les jours chez lui. Il ne pouvoit pas toûjours travailler, ni être avec fes amis pour s'en diftraire. D'ailleurs il n'aimoit pas le nombre , ni la gêne , il n'avoit rien pour s'amufer & s'étourdir fur fes déplaifirs. Sa plus douloureufe réflexion étoit, qu'étant parvenu à fe former la réputation d'un homme de bon efprit, on eût à lui reprocher , que fon ménage n'en fût pas mieux conduit , & plus paifible. Ainfi il regardoit le retour de Baron comme un amufement familier , avec lequel il pourroit avec plus de fatisfaction mener une vie tranquille, conforme à fa fanté & à fes principes, débarraffé de cet atirail étranger de famille , & d'amis même qui nous dérobent le plus fouvent par leur préfence importune les momens les plus agréables de nôtre vie.

Baron ne fut pas moins vif que Moliere fur les fentimens du retour : il part auffi-tôt qu'il eut reçû la lettre : & Moliere occupé du plaifir de revoir fon jeune Acteur quelques momens plûtôt, fut l'attendre à la porte Saint Victor le jour qu'il devoit arriver. Mais il ne le reconnut point. Le grand air de la campagne & la courfe l'avoient tellement harraffé & dé-

figuré, qu'il le laiſſa paſſer ſans le reconnoître, & il revint chez lui tout triſte après avoir
bien atendu. Il fut agréablemet ſurpris d'y
trouver Baron, qui ne peut mettre en œuvre
un beau compliment qu'il avoit compoſé en
chemin, la joye de revoir ſon bien-faiteur lui
ôta la parole.

Moliere demanda à Baron s'il avoit de l'argent. Il lui répondit qu'il n'en avoit que ce
qui étoit reſté de répandu dans ſa poche : par
ce qu'il avoit oublié ſa bourſe ſous le chevet
de ſon lit à la derniere couchée : qu'il s'en
étoit aperçû à quelques poſtes ; mais que l'empreſſement qu'il avoit de le revoir ne lui avoit
pas permis de retourner ſur ſes pas pour chercher ſon argent. Moliere fut ravi que Baron
revint touché, & reconnoiſſant. Il l'envoya à
la Comédie, avec ordre de s'enveloper tellement dans ſon manteau que perſonne ne pût
le reconnoître : parce qu'il n'étoit pas habillé,
quoique fort proprement, à la phantaiſie d'un
homme qui en faiſoit l'agrément de ſes ſpectacles : Moliere n'oublia rien pour le remettre
dans ſon luſtre. Il réprit la même attention
qu'il avoit eûë pour lui dans les commencemens : & l'on ne peut s'imaginer avec quel
ſoin il s'apliquoit à le former dans les mœurs,
comme dans ſa profeſſion. En vo ci un exemple qui fait un des plus beaux traits de ſa vie.

Un homme, dont le nom de famille étoit,
Mignot, & Mondorge, celui de Comédien, ſe
trouvant dans une triſte ſituation, prit la ré-
ſolution d'aller à Hauteüil, où Moliere avoit
une maiſon, & où il étoit actuellement, pour
tâcher d'en tirer quelque ſecours, pour les be-

foins preſſans d'une famille qui étoit dans une miſére affreuſe. Baron, à qui ce Mondorge s'adreſſa, s'en aperçût aiſément ; car ce pauvre Comédien faiſoit le ſpectacle du monde le plus pitoyable. Il dit à Baron, qu'il ſçavoit être un aſſuré protecteur auprès de Moliere, que l'urgente néceſſité où il étoit, lui avoit fait prendre le parti de recourir à lui, pour le mettre en état de réjoindre quelque troupe avec ſa famille : qu'il avoit été le camarade de Mr de Moliere en Languedoc ; & qu'il ne doûtoit pas qu'il ne lui fit quelque charité, ſi Baron vouloit bien s'intereſſer pour lui.

Baron monta dans l'apartement de Moliere ? & lui rendit le diſcours de Mondorge, avec peine, & avec précaution pourtant, craignant de rapeller deſagréablement à un homme fort riche, l'idée d'un camarade fort gueux. Il eſt vrai que nous avons joüé la Comédie enſemble, dit Moliere, & c'eſt un fort honnête homme ; je ſuis fâché que ſes petites affaires ſoient en ſi mauvais état. Que croyez-vous, ajoûta-t'il, que je lui doive donner ? Baron ſe défendit de fixer le plaiſir que Moliere vouloit faire à Mondorge, qui pendant que l'on décidoit ſur le ſecours dont il avoit beſoin, dévoroit dans la cuiſine, où Baron lui avoit fait donner à manger. Non, répondit Moliere, je veux que vous déterminiez ce que je dois lui donner. Baron ne pouvant s'en défendre, ſtatua ſur quatre piſtoles, qu'il croyoit ſuffiſantes pour donner à Mondorge la facilité de joindre une Troupe. Et bien, je vais lui donner quatre piſtoles pour moi, dit Moliere à Baron, puiſque vous le jugez à propos : mais en voilà vingt autres que je lui donnerai pour vous : je veux qu'il connoisse que c'est à vous qu'il a l'obligation du service que je lui rens. J'ai aussi, ajoûta-t-il, un habit de Theâtre, dont je crois que je n'aurai plus de besoin, qu'on le lui donne ; le pauvre homme y trouvera de la ressource pour sa profession. Cependant cet habit, que Moliere donnoit avec tant de plaisir, lui avoit couté deux mille cinq cens livres, & il étoit presque tout neuf. Il assaisonna ce present d'un bon accueil qu'il fit à Mondorge, qui ne s'étoit pas attendu à tant de liberalité.

Quoique la troupe de Moliere fût suivie, elle ne laissa pas de languir pendant quelque tems par le retour de Scaramouche. Ce Comedien après avoir gagné une somme assez considerable pour se faire dix ou douze mille livre de rente, qu'il avoit placées à Florence, lieu de sa naissance, fit dessein d'aller s'y établir. Il commença par y envoyer sa femme, & ses enfans ; & quelque tems après il demanda au Roi la permission de se retirer en son Pays. Sa Majesté voulut bien la lui accorder : mais elle lui dit en même tems qu'il ne falloit pas esperer de retour. Scaramouche qui ne comptoit pas de revenir, ne fit aucune attention à ce que le Roi lui avoit dit : il avoit de quoi se passer du Theâtre. Il part : mais il trouva chez lui une femme & des enfans rebelles, qui le reçûrent non seulement comme un étranger, mais encore qui le maltraiterent. Il fut batu plusieurs fois par sa femme, aidée de ses enfans, qui ne vouloient point partager avec lui la joüissance du bien qu'il avoit gagné, & ce mauvais traitement alla si loin qu'il ne put y resister : de maniere qu'il fit solliciter fortement son retour en France, pour se délivrer de la triste situation où il étoit en Italie.

Le Roi eut la bonté de lui permettre de revenir.
Paris l'avoit trouvé fort à redire, & son retour
réjoüit toute la ville. On alla avec empressement à la Comedie Italienne pendant plus de six
mois pour revoir Scaramouche ; la Troupe de
Moliere fut négligée pendant tout ce tems-là ;
elle ne gagnoit rien : & les Comediens étoient
prêts à se revolter contre leur Chef.Ils n'avoient
point encore Baron pour rappeller le Public ;
& l'on ne parloit pas de son retour. Enfin ces
Comédiens injustes murmuroient hautement
contre Moliere, & lui reprochoient qu'il laissoit languir leur Theâtre. Pourquoi lui disoient-
ils, ne faites-vous pas des ouvrages qui nous
soutiennent ? Faut-il que ces Farceurs d'Italiens
nous enlevent tout Paris ? En un mot la troupe
étoit un peu dérangée, & chacun des Acteurs
méditoit de prendre son parti. Moliere étoit
lui-même embarrassé comment il les rameneroit;
& à la fin fatigué des discours de ses Comédiens, il dit à la Du-Parc, & à la Béjart,
qui le tourmentoient le plus qu'il ne savoit
qu'un moyen pour l'emporter sur Scaramouche,
& gagner bien de l'argent, que c'étoit d'aller
bien loin pour quelque tems, pour s'en revenir comme ce Comédien : mais il ajoûta qu'il
n'étoit ni en pouvoir, ni dans le dessein d'éxécuter ce moyen, qui étoit trop long : mais
qu'elles étoient les maîtresses de s'en servir.
Après s'être moqué d'elles, il leur dit sérieusement que Scaramouche ne seroit pas toüjours
couru avec ce même empressement : qu'on se
laissoit des bonnes choses, comme des mauvaises, & qu'ils auroient leur tour. Ce qui arriva
aussi par la premiére piéce que donna Moliere.

Ce n'est pas là le seul desagrément que Mo-

liére ait eu avec ſes Comédiens : l'avidité du
gain étouffoit bien ſouvent leur reconnoiſſance,
&ils le harcelloient toûjours pour demander des
graces au Roi. Les Mouſquetaires , les Gardes
du Corps , les Gendarmes , & les Chevaux - Le-
gers entroient à la Comédie ſans payer : & le
Parterre en étoit toûjours rempli : de ſorte que
les Comédiens préfferent Moliere d'obtenir de
Sa Majeſté un Ordre pour qu'aucune perſonne
de ſa Maiſon n'entrât à la Comédie ſans payer.
Le Roi le lui acorda.Mais ces Meſſieurs ne trouverent pas bon que les Comédiens leur fiſ-
ſent impoſer une loi ſi dure ; & ils prirent pour
un affront qu'ils euſſent eu la hardieſſe de le demander : les plus mutins s'amuterent & ils ré-
ſolurent de forcer l'entrée. Ils furent en troupe
à la Comédie. Ils ataquent bruſquement les
Gens qui gardoient les Portes. Le Portier ſe
défendit pendant quelque tems : mais enfin é-
tant obligé de céder au nombre,il leur jetta ſon
épée , ſe perſuadant qu'étant deſarmé , il ne le
tueroient pas , le pauvre homme ſe trompa. Ces
furieux outrés de la réſiſtance qu'il avoit faite ,
le percérent de cent coups d'épées : & chacun
d'eux en entrant lui donnoit le ſien.Ils cherchoiét
toute la troupe pour lui faire éprouver le même
traitement qu'aux gens qui avoient voulu ſoutenir la porte. Mais Béjart , qui étoit habillé en
vieillard pour la piéce qu'on alloit joüer , ſe
preſenta ſur le Theâtre.Eh ! Meſſieurs,lour dit-
il épargnez du moins un pauvre Vieillard de ſoi-
xante-quinze ans,qui n'a plus que quelques jours
à vivre. Le compliment de ce jeune Comédien,
qui avoit profité de ſon habillement pour parler à ces mutins, calma leur fureur.Moliere leur
parla auſſi tres-vivement ſur l'ordre du Roy.

De sorte que reflechissant sur la faute qu'ils venoient de faire, ils se retirerent. Le bruit & les
cris avoient causé une allarme terrible dans la
Troupe, les femmes croyoient être mortes,
chacun cherchoit à se sauver, sur tout Hubert
& sa femme qui avoient fait un trou dans le mur
du Palais Royal. Le mari voulut passer le premier, mais parceque le trou n'étoit pas assez ou-
vert, il ne passa que la tête & les épaules : jamais le reste ne put suivre. On avoit beau le tirer
de dedans le Palais Royal, rien n'avançoit, & il
crioit comme un forcené par le mal qu'on lui
faisoit, & dans la peur qu'il avoit que quelque
Gendarme ne lui donnât un coup d'épée dans le
derriere. Mais le tumulte s'étant apaisé, il en fut
quite pour la peur, & l'on agrandit le trou pour
le retirer de la torture où il étoit.

Quand tout ce vacarme fut passé, la Troupe
tint conseil, pour prendre une résolution dans
une ocasion si perilleuse. Vous ne m'avez
point donné de repos, dit Moliere à l'Assemblée, que je n'aye importuné le Roi pour
avoir l'ordre qui nous a mis tous à deux doigts
de nôtre perte, il est question presentement de
voir ce que nous avons à faire. Hubert vouloit
qu'on laissât toûjours entrer la Maison du Roi,
tant il aprehendoit une seconde rumeur. Plusieurs autres, qui ne craignoient pas moins
que lui, furent de même avis. Mais Moliere,
qui étoit ferme dans ses résolutions, leur dit
que puisque le Roi avoit daigné leur accorder
cét ordre, il falloit en pousser l'exécution jusques au bout, si Sa Majesté le jugeoit à propos,
& je pars dans ce moment, leur dit-il, pour
l'en informer. Ce dessein ne plût nullement à
Hubert qui trembloit encore.

Quand le Roi fut inſtruit de ce déſordre, Sa Majeſté ordonna aux Commandans des Corps qui l'avoient fait, de les faire mettre ſoûs les armes le lendemain, pour connoître & faire punir les plus coupables, & pour leur reïterer ſes défences d'entrer à la Comédie ſans payer. Moliere, qui aimoit fort la harangue, fut en faire une à la tête des Gendarmes ; & leur dit que ce n'étoit point pour eux, ni pour les autres perſonnes qui compoſoient la Maiſon du Roi, qu'il avoit demandé à Sa Majeſté un ordre pour les empêcher d'entrer à la Comédie : que la Troupe ſeroit toûjours ravie de les recevoir quand ils voudroient les honorer de leur préſence. Mais qu'il y avoit un nombre infini de malheureux, qui tous les jours abuſant de leur nom, & de la bandoliére de Meſſieurs les Gardes - du-Corps, venoient remplir le Parterre, & ôter injuſtement à la Troupe le gain qu'elle devoit faire : Qu'il ne croyoit pas que des Gentils hommes qui avoient l'honneur de ſervir le Roi dûſſent favoriſer ces miſérables contre les Comédiens de Sa Majeſté : Que d'entrer à la Comédie ſans payer n'étoit point une prérogative que des perſonnes leur caractere, dûſſent ſi fort ambitionner, juſqu'à répandre du ſang pour ſe la conſerver. Qu'il falloit laiſſer ce petit avantage aux Auteurs, & aux perſonnes, qui n'ayant pas le moyen de dépenſer quinze ſols, ne voyoient le ſpectacle que par charité, s'il m'eſt permis, dit-il, de parler de la ſorte. Ce diſcours fit tout l'effet que Moliere s'étoit promis, & dépuis ce tems là la Maiſon du Roi n'eſt point entrée à la Comedie ſans payer.

Quelque tems après le retour de Baron, on joüa une piece intitulée, *Dom - Quixote.* (Je n'ai pû sçavoir de quel Auteur ;) On l'avoit prise dans le tems que Don-Quixote installe Sancho Pança dans son Gouvernement. Moliere faisoit Sancho : Et comme il devoit paroître sur le Theâtre monté sur un Ane, il se mit dans la coulisse pour être prêt à entrer dans le moment que la Scêne le demanderoit. Mais l'Ane qui ne sçavoit point le rôle par cœur, n'observa point ce moment : & dès qu'il fut dans la coulisse il voulut entrer, quelques efforts que Moliere employât pour qu'il n'en fit rien. Sancho tiroit le licou de toute sa force, l'Ane n'obeïssoit point, il vouloit absolument paroître. Moliere apelloit *Baron*, *la Forest*, à moi : ce maudit Ane veut entrer. La Forest étoit une servante qui faisoit alors tout son domestique, quoiqu'il eût près de trente mille livres de rente. Cette femme étoit dans la coulisse opposée, d'où elle ne pouvoit passer par dessus le Theâtre pour arrêter l'Ane, & elle rioit de tout son cœur de voir son Maître renversé sur le derriere de cet animal, tant il mettoit de force à tirer son licou pour le retenir. Enfin destitué de tout secours, & désesperant de pouvoir vaincre l'opiniâtreté de son Ane, il prit le parti de se retenir aux aîles du Theâtre, & de laisser glisser l'animal entre ses jambes pour aller faire telle Scêne qu'il jugeroit à propos. Quand on fait réflexion au caractere d'esprit de Moliere, à la gravité de sa conduite, & de sa conversation, il est risible que ce Philosophe fût exposé à de pareilles avantures, & prît sur lui les Personnages les plus comiques. Il est vrai qu'il s'en est lassé plus d'une fois, & fi ce n'avoit été l'atachement inviolable qu'il avoit pour les plaifirs du Roi, il auroit tout quité pour vivre dans une moleſſe Philoſophique, dont ſon domeſtique, ſon travail, & ſa Troupe l'empêchoient de joüir. Il y avoit d'autant plus d'inclination, qu'il étoit devenu très-valétudinaire, & il étoit réduit à ne vivre que de lait. Une toux qu'il avoit négligée, luì avoit cauſé une fluxion ſur la poitrine, avec un crachement de ſang, dont il étoit reſté inçommodé ; de ſorte qu'il fut obligé de ſe mettre au lait pour ſe racommoder, & pour être en état de continuer ſon travail. Il obſerva ce régime preſque le reſte de ſes jours. De maniére qu'il n'avoit plus de ſatisfaction que par l'eſtime dont le Roi l'honoroit, & du côté de ſes amis. Il en avoit de choiſis, à qui il ouvroit ſouvent ſon cœur.

L'amitié qu'ils avoient formée dès le Collége, Chapelle & lui, dura juſqu'au dernier moment. Cependant celui là n'étoit pas un ami conſolant pour Moliére, il étoit trop diſſipé, il aimoit véritablement ; mais il n'étoit point capable de rendre de ces devoirs empreſſez qui réveillent l'amitié. Il avoit pourtant un apartement chez Moliere à Hauteüil, où il alloit fort ſouvent, mais c'étoit plus pour ſe réjoüir, que pour entrer dans le ſérieux. C'étoit un de ces génies ſupérieurs & réjoüiſſans, que l'on annonçoit ſix mois avant que de le pouvoir donner pendant un repas. Mais pour être trop à tout le monde, il n'étoit point aſſez à un veritable ami, de ſorte que Moliére s'en fit deux plus ſolides dans la perſonne dé Meſſieurs Rohault & Mignard, qui le dédommageoient de tous les chagrins qu'il avoit d'ailleurs. C'étoit à ces deux Meſſieurs,

qu'il

qu'il se livroit sans reserve. Ne me plaignez-vous pas, leur disoit-il un jour, d'être d'une profession, & dans une situation si opposée aux sentimens & à l'humeur que j'ai presentement ? J'aime la vie tranquille, & la mienne est agitée par une infinité de détails communs & turbulens, sur lesquels je n'avois pas compté dans les commencemens, & ausquels il faut absolument que je me donne tout entier malgré moi. Avec toutes les précautions, dont une homme peut être capable, je n'ai pas laissé de tomber dans le desordre où tous ceux qui se marient sans reflexion ont accoûtumé de tomber. Oh ! oh ! dit Mr. Rohaut. Oüi mon cher Monsieur Rohaut, je suis le plus malheureux de tous les hommes, ajoûta Moliere, & je n'ai que ce que je merite. Je n'ai pas pensé que j'étois trop austere pour une societé domestique. J'ai crû que ma femme devoit assujettir ses manieres à sa vertu & à mes intentions, & je sens bien que dans la situation où elle est, elle eut encore été plus malheureuse que je ne le suis, si elle l'avoit fait. Elle a de l'enjoüement, de l'esprit, elle est sensible au plaisir de le faire valoir; tout cela m'ombrage malgré moi. J'y trouve à redire, je m'en plains. Cette femme cent fois plus raisonnable que je ne le suis, veut joüir agréablement de la vie, elle va son chemin, & assurée par son innocence, elle dédaigne de s'assujetir aux précautions que je lui demande. Je prens cette negligence pour du mépris, je voudrois des marques d'amitié pour croire que l'on en a pour moi, & que l'on eût plus de justesse dans sa conduite pour que j'eusse l'esprit tranquille. Mais ma femme toûjours égale, & libre dans la sienne, qui seroit exempte de tout soupçon pour tout autre homme moins inquiet que je ne le suis, me laisse impitoïablement dans mes peines, & ocupée seulement du desir de plaire en general, comme toutes les femmes, sans avoir de dessein particulier, elle rit de ma foiblesse. Encore si je pouvois joüir de mes amis aussi souvent que je le souhaiterois pour m'étourdir sur mes chagrins, & sur mon inquiétude! Mais vos ocupations indispensables, & les miennes m'ôtent cette satisfaction. Mr. Rohaut étala à Moliere toutes les maximes d'une saine Philosophie pour lui faire entendre qu'il avoit tort de s'abandonner à ses plaisirs. Eh! lui répondit Moliere, je ne sçaurois être Philosophe avec une femme aussi aimable que la mienne, & peut-être qu'en ma place vous passeriez encore de plus mauvais quarts d'heure.

Chapelle n'entroit pas si intimement dans les plaintes de Moliere, & il étoit contrariant avec lui, & il s'ocupoit beaucoup plus de l'esprit & de l'enjoüement, que du cœur & des affaires domestiques, quoique ce fût un très-honnête homme. Il aimoit tellement le plaisir qu'il s'en étoit fait une habitude. Mais Moliere ne pouvoit plus lui répondre de ce côté là, à cause de son incommodité, ainsi quand Chapelle vouloit se réjoüir à Hauteüil, il y menoit des Convives pour lui tenir tête. Et il n'y avoit personne qui ne se fit un plaisir de le suivre. Connoître Moliere étoit un mérite que l'on cherchoit à se donner avec empressement: d'ailleurs Mr. de Chapelle soûtenoit sa table avec honneur. Il fit un jour partie avec Messieurs de J... de N... & de L... pour aller se réjoüir à Hauteüil avec leur ami. Nous venons souper avec vous, dirent-ils à Moliere. J'en

aurois, dit-il, plus de plaifir fi je pouvois vous
tenir compagnie : mais ma fanté ne me le per-
mettant pas , je laiffe à Mr. de Chapelle le foin
de vous regaler du mieux qu'il pourra. Ils ai-
moient trop Moliere pour le contraindre : mais
ils lui demanderent du moins Baron. Meffieurs,
leur répondit Moliere , je vous vois en humeur
de vous divertir toute la nuit ; le moyen que
cet enfant puiffe tenir : il en feroit incommodé,
je vous prie de le laiffer. Oh parbleu , dit Mr.
de L... la fête ne feroit pas bonne fans lui, &
vous nous le donnerez. Il falut l'abandonner:&
Moliere prit fon lait devant eux & s'alla coucher.

Les Convives fe mirent à table : les commencemens du repas furent froids : c'eft l'ordinaire
entre gens qui favent ménager le plaifir ; & ces
Meffieurs excelloient dans cette étude. Mais le
vin eut bien-tôt réveillé Chapelle , & le tour-
na du côté de la mauvaife humeur. Parbleu ,
dit-il , je fuis un grand fou de venir m'enyvrer
ici tous les jours , pour faire honneur à Moliere; je fuis bien las de ce train-là : & ce qui me
fache c'eft qu'il croit que j'y fuis obligé. La
Troupe prefque toute yvre aprouva les plaintes
de Chapelle. On continuë de boire , & infenfi-
blement on changea de difcours. A force de
raifonner fur les chofes qui font ordinairement
la matiere de femblables repas entre gens de
cette efpece, on tomba fur la morale vers les
trois heures du matin. Que nôtre vie eft peu de
chofe, dit Chapelle ! Qu'elle eft remplie de
traverfes ! Nous fommes à l'affût pendant trente ou quarante années pour joüir d'un moment
de plaifir, que nous ne trouvons jamais ! Nôtre jeuneffe eft harcellée par de maudits parens,

qui veulent que nous nous mettions un fatras
de fariboles dans la tête. Je me soucie, morbleu
bien, ajoûta-t-il, que la terre tourne, ou le
soleil, que ce fou de Des-Cartes ait raison, ou
cet extravagant d'Ariftote. J'avois pourtant un
enragé Précepteur qui me rabatoit toûjours ces
fadaifes-là, & qui me faifoit fans ceffe retom-
ber fur fon Epicure. Encore paffe pour ce Phi-
lofophe-là, c'étoit celui qui avoit le plus de
raifon. Nous ne fommes pas débaraffez de ces
fous-là, qu'on nous étourdit les oreilles d'un
établiffement. Toutes ces femmes, dit-il encore, en hauffant la voix, font des animaux
qui font ennemis jurez de nôtre repos. Oüi morbleu chagrins, injuftice, malheurs de tous côtez
dans cette vie-ci! Tu as parbleu raifon, mon
cher ami, répondit J. en l'embraffant; fans ce
plaifir-ci que ferions-nous ? La vie eft un pauvre partage, quittons-là, de peur que l'on ne
fépare d'auffi bons amis que nous le fommes;
allons-nous noyer de compagnie : la riviere eft
à nôtre portée. Cela eft vrai nous ne pouvons
jamais mieux prendre nôtre tems pour mourir
bons amis, & dans la joye : & nôtre mort fera bruit. Ainfi ce glorieux deffein fut approuvé
tout d'une voix. Ces Yvrognes fe leverent, &
vont gayement à la riviere. Baron courut aver-
tir du monde, & éveiller Moliere, qui fut ef-
frayé de cet extravagant projet, parce qu'il
connoiffoit le vin de fes amis. Pendant qu'il
fe levoit, la troupe avoit gagné la riviere, ils
s'étoient déja faifis d'un petit bâteau, pour prendre le large, afin de fe noyer en plus grande
eau. Des Domeftiques, & des gens du lieu furent promptement à ces débauchés qui étoient
déja dans l'eau, & les repêcherent. Indignés

du secours qu'on venoit de leur donner ils mirent l'épée à la main , courent sur leurs ennemis, les poursuivent jusques dans Hauteüil , &
les vouloient tuer. Ces pauvres gens se sauvent
la plûpart chez Moliere , qui voyant ce vacarme dit à ces furieux, qu'est-ce, que c'est donc ,
Messieurs,que ces coquins vous ont fait ? Comment ventrebleu , dit J. qui étoit le plus opi-
niâtre à se noyer, ces malheureux nous em ê-
cheront de nous noyer ? Ecoute mon cher Moliere , tu as de l'esprit, voi si nous avons tort.
Fatigués des peines de ce monde-ci, nous avons
fait dessein de passer en l'autre pour être mieux:
la riviere nous a paru le plus cour chemin,pour
nous y rendre, ces marauts nous l'ont bouché.
Pouvons-nous faire moins que de les en punir ?
Comment ! vous avez raison , répondit Moliere. Sortés d'ici coquins , que je ne vous assom-
me , dit-il à ces pauvres gens , paroissant en colere. Je vous trouve bien hardis de vous oposer
à de si belles actions. Ils se retirerent marqués
de quelques coups d'épée.

Comment ! Messieurs , poursuit Moliere
aux débauchés , que vous ai-je fait pour former un si beau projet sans m'en faire part!Quoi
vous voulez-vous noyer sans moi ? Je vous
croyois plus de mes amis. Il a parbleu raison,
dit Chapelle , voila un injustice que nous lui
faisons. Vien donc te noyer avec nous. Oh !
doucement , répondit Moliere ; ce n'est point
ici une affaire à entreprendre mal à propos :
c'est la derniere action de nôtre vie, il n'en
faut pas manquer le mérite. On seroit assez
malin pour lui donner un mauvais jour, si
nous nous noyons à l'heure qu'il est : on diroit
à coup seur que nous l'aurions fait la nuit,

comme des defefperés, ou comme des gens y-
vres. Saififfons le moment qui nous faffe le plus
d'honneur, & qui réponde à nôtre conduite.
Demain fur les huit à neuf heures du matin,
bien à jeun & devant tout le monde nous irons
nous jetter la tête devant dans la riviere. J'a-
prouve fort fes raifons, dit N. & il n'y a pas le
petit mot à dire. Morbleu j'enrage, dit L. Moliere a toûjours cent fois plus d'efprit que
nous. Voilà qui eft fait remettons la partie à
demain; & allons-nous coucher: car je m'endors.
Sans la prefence d'efprit de Moliere il feroit
infailliblement arrivé du malheur, tant ces Meffieurs étoient yvres, & animés contre ceux qui
les avoient empêchés de fe noyer. Mais rien
ne les défoloit plus, que d'avoir affaire à de pareilles gens, & c'étoit cela qui bien fouvent le
dégoûtoit de Chapelle, cependant leur ancienne amitié prenoit toûjours le deffus.

Chapelle étoit heureux en femblables avantures. En voici une, où il eut encore befoin
de Moliere. En revenant d'Hauteüil, à fon
ordinaire bien rempli de vin; car il ne voya-
geoit jamais à jeun, il eut querelle au milieu de la petite prairie d'Hauteüil avec un valet, nommé Godemer, qui le fervoit depuis
plus de trente ans. Ce vieux domeftiqne avoit
l'honneur d'être toûjours dans le caroffe de fon
Maître. Il prit phantaifie à Chapelle en def-
cendant d'Hauteüil, de lui faire perdre cette
prérogative, & de le faire monter derriere
fon carroffe. Godemer accoûtumé aux capri-
ces que le vin caufoit à fon Maître ne fe mit
pas beaucoup en peine d'éxecuter fes ordres.
Celui-ci fe mit en colere: l'autre fe moque
de lui. Ils fe gourment dans le caroffe: le

Cocher defcend de fon fiége pour aller les féparer. Godemer en profite pour fe jetter hors de caroffe. Mais Chapelle irrité le pourfuit, & le prend au collet, le valet fe défend, & le Cocher ne pouvoit les feparer. Heureufement Moliere & Baron, qui étoient à leur fenêtre, apperçûrent les Combattans : Ils crûrent que les Domeftiques de Chapelle l'affommoient : ils acourent au plus vîte. Baron, comme le plus ingambe arriva le premier, & fit ceffer les coups ; mais il fallut Moliere pour terminer le different. Ah ! Moliere, dit Chapelle, puifque vous voilà, jugez fi j'ai tort. Ce coquin de Godemer s'eft lancé dans mon Caroffe, comme fi c'étoit à un Valet de figurer avec moi. Vous ne fçavez ce que vous dites, répondit Godemer, Monfieur fçait que je fuis en poffeffion du devant de vôtre caroffe depuis plus de trente ans : pourquoi voulez-vous me l'ôter aujourd'hui fans raifon ? Vous êtes un infolent qui perdez le refpect ; repliqua Chapelle ; fi j'ai voulu vous permettre de monter dans mon caroffe, je ne le veux plus, je fuis le Maître, & vous irez derriere, ou à pié. Y at-il de la juftice à cela, dit Godemer ? Me faire aller à pié, préfentement que je fuis vieux, & que je vous ai fi bien fervi pendant fi long-tems ! Il falloit m'y faire aller pendant que j'étois jeune, j'avois des jambes alors : mais à prefent je ne puis plus marcher. En un mot comme en cent, ajoûta ce Valet, vous m'avez accoûtumé au carroffe, je ne puis plus m'en paffer : & j'en ferois déshonoré fi l'on me voyoit aujourd'hui derriere. Jugez-nous, Moliere, je vous en prie, dit Mr. de Chapelle, j'en passerai par tout ce que vous voudrez. Et bien, puisqne vous vous en rapportez à moi, dit Moliere, je vais tâcher de mettre d'acord deux si honnêtes gens. Vous avez tort, dit-il, à Godemer, de perdre le respect envers vôtre maître, qui peut vous faire aller comme il voudra, il ne faut pas abuser de sa bonté : Ainsi je vous condamne à monter derriere son carosse jusqu'au bout de la prairie : Et là vous lui demanderez fort honnêtement la permission d'y rentrer : Je suis seur qu'il vous la donnera. Parbleu, s'écria Chapelle, voilà un jugement qui vous fera honneur dans le monde. Tenez, Moliere vous n'avez jamais donné une marque d'esprit si brillante. Oh, bien, ajoûta-t-il, je fais grace entiere à ce maraut-là en faveur de l'équité avec laquelle vous venez de nous juger. Ma foi, moliere, dit-il encore, je vous suis obligé ; car cette affaire là m'embarassoit : elle avoit sa difficulté. A Dieu, mon cher ami, tu juges mieux qu'homme de France.

Moliere étant seul avec Baron, il prit occasion de lui dire que le mérite de Chapelle étoit effacé quand il se trouvoit dans des situations aussi desagreables que celle où il venoit de le voir : qu'il étoit bien fâcheux qu'une personne qui avoit autant d'esprit que lui, eût si peu de retenuë : & qu'il aimeroit beaucoup mieux avoir plus de conduite pour se satisfaire, que tant de brillant pour faire plaisir aux autres. Je ne vois point, ajoûta, Moliere ; de passion plus indigne d'un galand homme que celle du vin : Chapelle est mon ami, mais ce malheureux penchant m'ôte tous les agrémens de son amitié. Je n'ose lui rien confier, sans risquer d'être commis un moment après avec toute la terre. Ce discours ne tendoit qu'à donner à Baron du dégoût pour la débauche; car il ne laissoit passer aucune occasion de le tourner au bien : mais sur toutes choses il lui recommandoit de ne point sacrifier ses amis, comme faisoit Chapelle à l'envie de dire un bon mot, qui avoit souvent de mauvaises suites.

Je ne puis m'empêcher de rapporter celui qu'il dit à l'occasion d'une Epigramme qu'il avoit fait contre Mr. le M. de.....c'étoit une espece de fat constitué en dignité, on sçait que la fatuité est de tous les états. Le Marquis offensé se trouvant chez Mr. de M. en presence de Chapelle, qu'il sçavoit être l'Auteur de l'Epigramme, ou du moins il s'en doutoit, menaçoit d'une terrible force le pauvre Auteur, sans le nommer : son emportement ne finissoit point. Le Poëte devoit mourir sous le bâton, ou du moins en avoir tant de coups, qu'il se souviendroit toute sa vie d'avoir versifié. Chapelle fatigué d'entendre toûjours ce fanfaron parler sur ce ton-là, se leve, & s'aprochant de Mr. de......... Eh ! morbleu, lui dit-il, en lui presentant le dos, si tu as tant d'envie de donner des coups de bâton, donne les, & t'en va.

On sçait que les trois premiers Actes de la Comédie du Tartuffe de Moliere furent representez à Versailles dès le mois de Mai de l'année 1664. & qu'au mois de Septembre de la même année, ces trois Actes furent

joüez pour la feconde fois à Villers-Cote-
retz, avec applaudiffement. La piece entiere
parut la premiere & la feconde fois au Rain-
cy, au mois de Novembre fuivant ; & en
1665. mais Paris ne l'avoit point encore vûë
en 1667. Moliere fentoit la difficulté de la faite paffer dans le public. Il le prévint par des
lectures ; mais il n'en lifoit que jufqu'au quatriéme Acte : De forte que tout le monde
étoit fort embarraffé comment il tireroit Or-
gon de deffous la table. Quand il crut avoir
fuffifamment préparé les efprits, le 5. d'Août
1667. il fait afficher le Tartuffe. Mais il n'eut
pas été réprefenté une fois que les gens aufte-
res fe revolterent contre cette piece. On re-
prefenta au Roi qu'il étoit de conféquence
que le ridicule de l'Hipocrifie ne parut point
fur le Theâtre. Moliere, difoit-on, n'étoit
pas prépofé pour reprendre les perfonnes qui
fe couvrent du manteau de la dévotion, pour
enfreindre les loix les plus faintes ; & pour
troubler la tranquillité domeftique des famil-
les. Enfin ceux qui reprefenterent au Roi,
le firent avec de bonnes raifons, puifque Sa
Majefté jugea à propos de défendre la reprefentation du Tartuffe. Cet ordre fut un
coup de foudre pour les Comediens, & pour
l'Auteur. Ceux-là attendoient avec juftice un
gain confiderable de cette piece ; & Moliere
croyoit donner par cet Ouvrage une derniere main à fa réputation. Il avoit manié le
caractere de l'hypocrifie avec des traits fi vifs
& fi délicats, qu'il s'étoit imaginé que bien
loin qu'on deût attaquer fa piece, on lui
fçauroit gré d'avoit donné de l'horreur pour
un vice fi odieux. Il le dit lui-même dans

ſa Préface à la tête de cette piece : mais il ſe trompa, & il devoit ſçavoir par ſa propre experience que le public n'eſt pas docile. Cependant Moliere rendit compte au Roi des bonnes intentions qu'il avoit eûës en travaillant à cette piece. De ſorte que Sa Majeſté ayant vû par elle-même qu'il n'y avoit rien dont les perſonnes de pieté & de probité pûſſent ſe ſcandaliſer, & qu'au contraire on y combattoit un vice qu'elle a toûjours eu ſoin elle-même de détruire par d'autres voyes, elle permit apparemment à Moliere de remettre ſa piece ſur le Theâtre.

Tous les connoiſſeurs en jugeoient favorablement : & je raporterai ici une remarque de Mr. Ménage, pour juſtifier ce que j'avance. La proſe de Mr. de Moliere, dit-il, " vaut beaucoup mieux que ſes vers. Je li- " ſois hier ſon Tartuffe. Je lui en avois au- " trefois entendu lire trois Actes chez Mr. " de Mommor, où ſe trouverent auſſi Mr. " Chapelain, Mr. l'Abbé de Marolles, & quel- " ques autres perſonnes. Je dis à Mr......... " lorſqu'il empêcha qu'on ne le joüât, c'étoit " une piece dont la morale étoit excellente, & " & qu'il n'y avoit rien qui ne pût être utile au " Public. "

Moliere laiſſa paſſer quelque tems avant que de hazarder une ſeconde fois la repreſentation du Tartuffe : Et l'on donna pendant ce tems-là Scaramouche Hermite, qui paſſa dans le Public, ſans que perſonne s'en plaignît. Mais d'où vient, dit-on à Mr. le Prince défunt, que l'on n'a rien dit contre cette piece, & que l'on s'eſt tant recrié contre le Tartuffe ? C'eſt répondit ce Prince, que Sca-

ramouche joüe le Ciel & la Religion, dont
ces Messieurs là ne se soucient gueres ; &
que Moliere joüe les Hypocrites dans la sienne.

Moliere ne laissoit point languir le Public
sans nouveauté : toûjours heureux dans le
choix de ses caracteres, il avoit travaillé sur
celui du Misantrope ; il le donna au Public :
Mais il sentit dès la premiere representation
que le peuple de Paris vouloit plus rire qu'admirer ; & que pour vingt personnes qui sont
susceptibles de sentir des traits delicats & élevés, il y en a cent qui les rebutent faute de
les connoître. Il ne fut pas plûtot rentré dans
son cabinet qu'il travailla au Médecin malgré
lui, pour soûtenir le Misantrope, dont la seconde representation fut encore plus foible
que la premiere : Ce qui l'obligea de se dé-
pêcher de fabriquer son fagotier. En quoi il
n'eut pas beaucoup de peine, puisque c'étoit
une de ces petites pieces, ou approchant,
que sa troupe avoit representée sur le champ
dans les commencemens ; il n'avoit qu'à trans-
crire. La troisiéme representation du Misantrope fut encore moins heureuse que les précé-
dentes. On n'aimoit point tout ce sérieux qui
est répandu dans cette piece. D'ailleurs le Marquis étoit la copie de plusieurs originaux de
conséquence, qui décrioient l'ouvrage de toute
leur force. Je n'ai pourtant pû faire mieux,
& seurement je ne ferai pas mieux, disoit Moliere, à tout le monde.

Mr. de ✱ ✱ crut se faire un mérite auprès
de Moliere de deffendre le Misantrope : il fit
une longue lettre qu'il donna à Ribou pour
mettre à la tête de cette piece. Moliere qui en

fut irrité envoya chercher son Libraire , le
gronda de ce qu'il avoit imprimé cette rapso-
die sans sa participation , & lui deffendit de
vendre aucun exemplaire de sa piece où elle
fût , & il brula tout ce qui en restoit ; mais
après sa mort on l'a rimprimée. Mr. de ** qui
aimoit fort à voir la Moliere, vint souper chez
elle le même jour. Moliere le traita fort ca-
valierement sur le sujet de sa lettre , en lui
donnant de bonnes raisons pour souhaiter qu'il
ne se fût point avisé de deffendre sa piece.

A la quatriéme représentation du Misantrope il donna son fagotier , qui fit bien rire le
Bourgeois de la ruë St. Denis. On en trouva
le Misantrope beaucoup meilleur , & insensi-
blement on le prit pour une des meilleures pieces qui ait jamais paru. Et le Misantrope &
le Medecin malgré lui joints ensemble ramene-
rent tout le peuple pêle méle de Paris, aussi bien
que les connoisseurs. Moliere s'aplaudissoit du
succès de son invention , pour forcer le public
à lui rendre justice , hazarda d'en tirer une
glorieuse vengeance , en faisoit joüer le Misantrope seul. Il eut un succès tres-favorable :
de sorte que l'on ne put lui reprocher que la
petite piece eût fait aller la grande.

Les Hypocrites avoient été tellement irrités
par le Tartuffe , que l'on fit courir dans Paris
un livre terrible , que l'on mettoit sur le compte de Moliere pour le perdre. C'est à cette occasion qu'il mit dans le Misantrope les vers suivans.

Et non content encore du tort que l'on me fair,
Il court parmi le monde un livre abominable,
Et de qui la lecture est même condamnable,
Un livre à meriter la derniere rigueur ,

Dont le fourbe a le front de me faire l'Auteur,
Et là dessus on voit Oronte qui murmure,
Et tâche méchamment d'apuyer l'imposture ;
Lui qui d'un honnête homme à la Cour tient le rang.
&c.

On voit par cette remarque, que le Tartuffe fut joué avant le Misantrope, & avant le Medecin malgré lui : Et qu'ainsi la date de la premiere representation de ces deux dernieres pieces, que l'on a mise dans les œuvres de Moliere, n'est pas veritable, puisque l'on marque qu'elles ont été joüées dès les mois de Mars & de Juin de l'année 1666.

Moliere avoit lû son Misantrope à toute la Cour, avant que de le faire representer, chacun lui en disoit son sentiment ; mais il ne suivoit que le sien ordinairement, parce qu'il auroit été souvent obligé de refondre ses pieces, s'il avoit suivi tous les avis qu'on lui donnoit : Et d'ailleurs il arrivoit quelquefois que ces avis étoient interessés : Moliere ne traitoit point de caractéres, il ne plaçoit aucuns traits, qu'il n'eût des veuës fixes. C'est pourquoi il ne voulut point ôter du Misantrope, *ce grand Flandrin qui crachoit dans un puits pour faire des ronds*, que Madame deffunte lui avoit dit de suprimer, lors qu'il eut l'honneur de lire sa piece à cette Princesse. Elle regardoit cet endroit comme un trait indigne d'un si bon Ouvrage : Mais Moliere avoit son original, il vouloit le mettre sur le Theâtre.

Au mois de Decembre de la même année, il donna au Roi le divertissement des deux premiers actes d'une Pastorale qu'il avoit faite, c'est Melicerte. Mais il ne jugea pas à

propos avec raison d'en faire le troisiéme Acte,
ni de faire imprimer les deux premiers, qui n'ont
vû le jour qu'après sa mort.

Le Sicilien fut trouvé une agréable petite
piece à la Cour, & à la Ville en 1667. Et l'Amphitrion passa tout d'une voix au mois de Janvier 1668. Cependant un Savantasse n'en voulut
point tenir compte à Moliere. Comment disoit-
il, il a tout pris sur Rotrou, & Rotrou sur
Plaute. Je ne vois pas pourquoi on aplaudit
à des Plagiaires. Ç'a toûjours été, ajoutoit-
il, le caractére de Moliere ; J'ai fait mes é-
tudes avec lui : & un jour qu'il aporta des
vers à son Regent, celui-ci reconnut qu'il les
avoit pillés ; l'autre assura fortement qu'ils é-
toient de sa façon : mais après que le Regent
lui eut reproché son mensonge, & qu'il lui
eut dit qu'il les avoit pris dans Theophile,
Moliere le lui avoüa, & lui dit qu'il les y a-
voit pris avec d'autant plus d'assurance, qu'il
ne croyoit pas qu'un Jesuite deût lire Theophile. Ainsi, disoit ce Pedant à son ami, si
l'on examinoit bien les ouvrages de Moliere ;
on les trouveroit tous pillés de cette force - là.
Et même quand il ne sait où prendre, il se ré-
péte sans précaution. De semblables Critiques
n'empêcherent pas le cours de l'Amphitrion,
que tout Paris vit avec beaucoup de plaisir,
comme un spectacle bien rendu en nôtre langue, & à nôtre goût.

Aprés que Moliere eut repris avec succés son
Avare au mois de Janvier 1668. comme je l'ay
déja dit, il projetta de donner son George
Dandin. Mais un de ses amis lui fit entendre
qu'il y avoit dans le monde un Dandin, qui
pourroit se reconnoître dans sa piece, & qui

étoit en état par sa famille , non - seulement de la décrier : mais encore de le faire ré-
pentir d'y avoir travaillé. Vous avez raison, dit
Moliere à son ami ; mais je sçai un seur moyen
de me concilier l'homme dont vous me parlez ;
j'irai lui lire ma piece. Au Spectacle où il étoit
assidu , Moliere lui demanda une de ses heures
perduës pour lui faire une lecture. L'homme
en question se trouva si fort honoré de ce compliment, que toutes affaires cessantes, il donna
parole pour le lendemain , & il courut tout
Paris pour tirer vanité de la lecture de cette
piece. Moliere , disoit-il à tout le monde, me
lit ce soir une Comedie : voulez-vous en être ?
Moliere trouva une nombreuse assemblée , &
son homme qui présidoit. La piece fut trouvée
excellente , & lorsqu'elle fut joüée , personne
ne la faisoit mieux valoir que celui dont je viens
de parler , & qui pourtant auroit pû s'en fâcher,
une partie des Scênes que Moliere avoit trai-
tées dans sa piéce , étant arrivées à cette personne. Ce secret de faire passer sur le Theâtre
un caractere à son original, a été trouvé si bon,
que plusieurs Auteurs l'ont mis en usage dépuis
avec succès. Le George Dandin fut donc bien
receu à la Cour au mois de Juillet 1668. & à
Paris au mois de Novembre suivant.

Quand Moliere vit que les Hypocrites, qui
s'étoient si fort offencez de son Imposteur,
étoient calmez, il se prépara à le faire paroître
une séconde fois. Il demanda à sa Troupe, plus
par conversation que par interest, ce qu'elle
lui donneroit s'il faisoit renaître cette piece.Les
Comediens voulurent absolument qu'il y eût
double part sa vie durant toutes les fois qu'on
la joüeroit. Ce qui a toûjours été dépuis très-

régulierement executé. On affiche le Tartuffe :
Les Hypocrites se reveillent , ils courent de tous
côtez pour aviser aux moyens d'éviter le ridicule que Moliere alloit leur donner sur le Theâtre malgré les défenses du Roi. Rien ne leur paroissoit plus éfronté , rien plus criminel que
l'entreprise de cét Auteur. Et accoûtumez à in-
commoder tout le monde & à n'être jamais incommodez , ils porterent de toutes parts leurs
plaintes importunes pour faire reprimer l'inso-
lence de Moliere, si son annonce avoit son effet.
L'assemblée fut si nombreuse que les personnes
les plus distinguées , furent heureuses d'avoir
place aux troisiémes loges. On allume les lustres.
Et l'on étoit prest de commencer la piece ,
quand il arriva de nouvelles défenses de la representer , de la part des personnes préposées
pour faire executer les ordres du Roi. Les Comediens firent aussi-tôt éteindre les lumieres ,
& rendre l'argent à tout le monde. Cette dé-
fense étoit judicieuse , parce que le Roi étoit
alors en Flandre : Et l'on devoit présumer que
Sa Majesté ayant défendu la premiere fois que
l'on joüât cette piece , Moliere vouloit profiter
de son absence pour la faire passer. Tout cela
ne se fit pourtant pas sans un peu de rumeur ,
de la part des Spectateurs ; & sans beaucoup de
chagrin du côté des Comediens. La permission
que Moliere disoit avoir de Sa Majesté pour
joüer sa piece n'étoit point par écrit, on n'étoit
pas obligé de s'en rapporter à lui. Au contraire
après les premieres défenses du Roi on pouvoit
prendre pour une témérité la hardiesse que Moliere avoit euë de remettre le Tartuffe sur le
Theâtre,& peu s'en falut que cette affaire n'eût
encore de plus mauvaises suites pour lui, on

le menaçoit de tous côtez. Il en vit dans le
moment les conſequences : C'eſt pourquoi il
dépêcha en poſte ſur le champ la Torelliere &
la Grange pour aller demander au Roi la protection de Sa Majeſté dans une ſi fâcheuſe con-
joncture. Les Hypocrites triomphoient, mais
leur joie ne dura qu'autant de tems qu'il en falut aux deux Comediens pour aporter l'ordre du
Roi, qui vouloit qu'on joüât le Tartuffe.

Le Lecteur jugera bien, ſans que je lui en faſſe
la deſcription, quel plaiſir l'ordre du Roi aporta
dans la Troupe , & parmi les perſonnes de
ſpectacle. Mais ſur tout dans le cœur de Moliere
qui ſe vit juſtifié de ce qu'il avoit avancé. Si on
avoit connu ſa droiture & ſa ſoûmiſſion on auroit été perſuadé qu'il ne ſe feroit point hazardé de repreſenter le Tartuffe une ſeconde fois
ſans en avoir auparavant pris l'ordre de Sa Majeſté.

Tout le monde ſçait qu'après cela cette piece
fut joüée de ſuite , & qu'elle a toûjours été fort
aplaudie toutes les fois qu'elle a paru ; & les
perſonnes qui ont voulu par paſſion la critiquer,
ont toûjours ſuccombé ſous les raiſons de ceux
qui en connoiſſent le merite.

Un jour qu'on repreſentoit cette piece ,
Champmêlé , qui n'étoit point encore dans la
Troupe fut voir Moliere dans ſa loge , qui étoit
proche du Théâtre. Comme ils en étoient aux
complimens, Moliere s'écria *ah chien , ah bour-
reau* ! & ſe frapoit la tête comme un poſſedé.
Champmêlé crut qu'il tomboit de quelque mal,
& il étoit fort embarraſſé. Mais Moliere qui s'a-
perceut de ſon étonnement lui dit , ne ſoyez
pas ſurpris de mon emportement : Je viens
d'entendre un Acteur déclamer fauſſement & pi-

toyablement quatre vers de ma piéce , & je ne
sçaurois voir maltraiter mes enfans de cette for-
ce-là , sans souffrir comme un damné.

Quelque succès qu'eût le Tartuffe pendant qu'on
le joüa aprés l'ordre du Roi, cependant la Femme
Juge & partie de Monsleury fut joüée autant
de fois au moins dans le même tems à l'Hôtel
de Bourgogne. Ainsi ce n'est pas toûjours le
merite d'une piece qui la fait réüssir : un Acteur
que l'on aime à voir , une situation , une Scêne
heureusement traitée , un travestissement , des
pensées piquantes , peuvent entraîner au Spectacle sans que la piece soit bonne.

La bonté que le Roi eut de permettre que le
Tartuffe fût representé : donna un nouveau merite à Moliere. On vouloit même que cette grace fût personnelle. Mais Sa Majesté qui sçavoit
par elle-même que l'hypocrisie étoit vivement
combatuë dans cette piece , fut bien aise que
ce vice si opposé à ses sentimens , fut ataqué
avec autant de force que Moliere le combatoir.
Tout le monde lui fit compliment sur ce succès;
ses ennemis même lui en témoignérent de la
joie, & étoient les premiers à dire que le Tartuffe étoit de ces pieces excellentes qui mettoient la vertu dans son jour. Cela est vrai, disoit
Moliere, mais je trouve qu'il est très dangereux
de prendre ses interests au prix qui m'en coûte.
Je me suis repenti plus d'une fois de l'avoir fait.

Quoique Moliere donnât à ses pieces beaucoup de merite du côté de la composition ,
cependant elles étoient representées avec un
jeu si délicat , que quand elles auroient été mé-
diocres elles auroient passé. Sa Troupe étoit
bien composée , il ne confioit point ses
rôles à des Acteurs qui ne sçûssent pas les exe-

cuter, il ne les plaçoit point à l'avanture, comme on fait aujourd'hui. D'ailleurs il prenoit toûjours les plus difficiles pour lui. Ce n'eſt pas qu'il eût univerſellement l'éloquence du corps en partage comme Baron. Au contraire dans les commencemens, même dans la Province, il paroiſſoit mauvais Comédien à bien des gens : peut-être à cauſe d'un hoquet ou tic de gorge qu'il avoit, & qui rendoit d'abord ſon jeu dès-agréable à ceux qui ne le connoiſſoient pas. Mais pour peu que l'on fit atention à la délica-teſſe avec laquelle il entroit dans un caractére, & il exprimoit un ſentiment, on convenoit qu'il entendoit parfaitement l'art de la déclamation. Il avoit contracté par habitude le hoquet dont je viens de parler. Dans les commencemens qu'il monta ſur le Théâtre, il reconnut qu'il avoit une volubilité de langue dont il n'étoit pas le maître, & qui rendoit ſon jeu déſagréa-ble. Et des efforts qu'il ſe faiſoit pour ſe rete-nir dans la prononciation, il s'en forma un ho-quet qui lui demeura juſques à la fin. Mais il ſauvoit ce deſagrement par toute la fineſſe avec laquelle on peut répréſenter. Il ne manquoit aucun des accens & des geſtes néceſſaires pour toucher le Spectateur. Il ne déclamoit point au hazard, comme ceux qui deſtituez des princi-pes de la déclamation, ne ſont point aſſûrez dans leur jeu. Il entroit dans tous les détails de l'action, mais s'il revenoit aujourd'hui il ne re-connoîtroit point ſes ouvrages dans la bouche de ceux qui les répréſentent.

Il eſt vrai que Moliere n'étoit bon que pour répréſenter le Comique, il ne pouvoit entrer dans le ſérieux, & pluſieurs perſonnes aſſûrent qu'ayant voulu le tenter, il réüſſit mal à la premiere fois qu'il parut sur le Théâtre, qu'on ne le laissa pas achever. Dépuis ce tems-là, dit-on, il ne s'atacha qu'au Comique, où il avoit toûjours du succès, quoique les gens délicats l'accusassent d'être un peu grimacier. Mais si ces personnes-là le lui avoient réproché à lui-même, je ne sçai s'il n'auroit pas eu raison de leur répondre que le commun du Public aime les charges,& que le jeu délicat ne l'affecte point.

Moliére n'étoit point un homme qu'on pût oublier par l'absence. Mr. Bernier ne fut pas plûtôt de retour de son voyage du Mogol qu'il fut le voir à Hauteüil. Aprés les premiers complimens d'amitié,celui-là commença la conversation par la relation.Il fit observer à Moliere que l'on n'en usoit point avec l'Empereur du Mogol détrôné, & avec ses enfans, aussi inhumainement qu'on le fait en Turquie.On se contente, dit-il, de leur donner une drogue, que l'on nomme du Pouss, pour leur faire perdre l'esprit, afin qu'ils soient hors d'état de former un parti. Aparemment, dit Baron, que cette conversation ennuyoit fort, ces gens - là vous ont fait prendre du Pouss, avant que de revenir. Taisez-vous jeune homme,dit Moliere, vous ne connoissez pas Mr. Bernier, & vous ne sçavez pas que c'est mon ami, peu s'en faut, que je ne prenne sérieusement vôtre imprudence. Comment ! repliqua Baron, qui s'étoit donné toute liberté de parler devant Moliere, vous êtes si bons amis, & Monsieur après une si longue absence, n'a à la premiere vûë que des contes à vous dire. Le Philosophe touché de cette leçon, qui étoit en sa place,se mit sur les sentimens, Moliere n'en fut pas fâché : Car plus homme de Cour que Bernier, & plus oceupé de ses affaires que de celles du grand Mogol, la relation ne lui faisoit pas beaucoup de plaisir. On parla de santé. Moliere rendit compte du mauvais état de la sienne à Bernier: Qui au lieu de lui répondre, lui dit qu'il avoit conduit heureusement celle du premier Ministre du Grand Mogol : qu'il n'avoit point voulu être Médecin de l'Empereur lui - même, parce que quand il meurt on enterre aussi le Médecin avec lui. A la fin ne sçachant plus que dire sur le Mogol, il offrit ses soins à Moliere. Oh! Monsieur, dit Baron, Mr. de Moliére est en de bonnes mains. Dépuis que le Roi a eu la bonté de donner un Canonicat au fils de son Médecin, il fait des merveilles, & il tiendra Monsieur longtems en état de divertir Sa Majesté. Les Médecins du Mogol ne s'accomodent point avec nôtre santé. Et à moins que de convenir que l'on vous enterrera avec Monsieur, je ne lui conseille pas de vous confier la sienne. Bernier vit bien que Baron étoit un enfant gâté, il mis la conversation sur son chapitre. Moliere qui en parloit avec plaisir, en commença l'histoire : mais Baron rebuté de l'entendre, alla chercher à s'amuser ailleurs.

Moliére n'étoit pas seulement bon Acteur, & excellent Auteur, il avoit toûjours soin de cultiver la Philosophie. Chapelle & lui ne se passoient rien sur cét article - là. Celui - là pour Gassendi, celui - ci pour Des - Cartes. En revenant d'Hauteuil, un jour dans le bateau de Moliére, ils ne fuernt pas long tems sans faire naître une dispute. Ils prirent un sujet grave pour se faire valoir devant un Minime qu'ils trouverent dans leur bateau, & qui s'y étoit mis pour gagner les Bons-Hommes. J'en fais Juge le bon Pere, dit Moliere, si le Systeme

de Descartes n'est pas cent fois mieux imaginé,
que tout ce que Mr.de Gassendi nous a ajusté au
Théâtre pour nous faire passer les rêveries d'E-
picure.Passe pour sa morale,mais le reste ne vaut
pas la peine que l'on y fasse atention.N'est-il pas
vrai , mon Pere ajoûta Moliere au Minime. Le
Réligieux répondit par un *hom* , *hom*, qui faisoit
entendre aux Philosophes qu'il étoit connoisseur
dans cette matiére,mais il eut la prudence de ne
se point mêler dans une conversation si échaufée,
sur tout avec des gens qui ne paroissoient pas
ménager leur adversaire.Oh parbleu,mon Pere ,
dit Chapelle , qui se crut affoibli par l'aparente
aprobation du Minime , il faut que Moliére
convienne que Des - Cartes n'a formé son Systéme, que comme un Méchanicien qui imagine
une belle machine sans faire atention à l'éxécu-
tion : le Systéme de ce Philosophe est contraire
à une infinité de Phénoménes de la nature ,
que le bon-homme n'avoit pas prévûs.Le Minime sembla se ranger du côté de Chapelle par
un second *hom* , *hom* , Moliére outré de ce qu'il
triomphoit , rédoubla ses éfforts avec une cha-
leur de Philosophe , pour détruire Gassendi par
de si bonnes raisons,que le Religieux fut obligé
de s'y rendre par un troisiéme *hom* , *hom* , obli-
geant qui sembloit décider la question en sa fa-
veur.Chapelle s'échauffe,& criant du haut de la
tête pour convertir son Juge il ébranla son équité par la force de son raisonnement.Je conviens
que c'est l'homme du monde qui a le mieux rêvé,
ajoûta Chapelle, mais morbleu il a pillé ses rêveries par tout, & cela n'est pas bien. N'est-il
pas vrai , mon Pere, dit-il au Minime ? Le Moi-
ne qui convenoit de tout obligeamment , donna aussi-tôt un signe d'aprobation sans proféret

une seule parole. Moliére, sans songer qu'il é-
toit au lait, saisit avec fureur le moment de re-
torquer les argumens de Chapelle. Les deux
Philosophes en étoient aux convulsions,& presque aux invectives d'une dispute philosophique
quand ils arriverent devant les Hommes. Le Religieux les pria qu'on le mît à terre. Il les remer-
cia gracieusement , & aplaudit fort à leur pro-
fond sçavoir sans intéresser son mérite. Mais
avant que de sortir du bâteau , il alla prendre
sous les piés du bâtelier sa besace, qu'il y avoit
mise en entrant. C'étoit un Frere-lai, les deux Philosophes n'avoient point vu son enseigne ; &
honteux d'àvoir perdu le fruit de leur dispute devant un homme qui n'y entendoit
rien , ils se regarderent l'un l'autre sans se
rien dire. Moliere revenu de son abate-
ment , dit à Baron , qui étoit de la compagnie ; mais d'un âge à négliger une pareille conversation : Voyez, petit garçon , ce que fait le
silence , quand il est observé avec conduite.
Voilà comme vous faites toûjours , Moliere ,
dit Chapelle : vous me commettez sans cesse a-
vec des ânes qui ne peuvent savoir si j'ai raison.
Il y a une heure que j'use mes poulmons, & je
n'en suis pas plus avancé.

Chapelle reprochoit toûjours à Moliere son humeur rêveuse; il vouloit qu'il fût d'une societé
aussi agreable que la sienne; il le vouloit en tout
assujettir à son caractere; & que sans s'embarras-
ser de rien il fût toûjours preparé à la joie. Oh !
Monsieur lui répondit Moliere , vous étes bien
plaisant. Il vous est aisé de vous faire ce systhê-
me de vivre ; vous étes isolé de tout , & vous
pouvez penser quinze jours durant à un mot,
sans que personne vous trouble . & aller après ,

toûjours

toûjours chauds du vin , le debiter par tout au
dépens des amis : vous n'avez que cela à faire.
Mais fi vous étiez comme moi ocupé de plaire au Roi , & fi vous aviez quarante ou cinquante perfonnes qui n'entendent point raifon , à faire vivre ; & à conduire , un théâtre
à foutenir , & des ouvrages à faire pour ménsr
ger vôtre réputation , vous n'auriez pas envie de rire , fur ma parole , & vous n'auriez
point tant d'attention à vôtre bel efprit , & à
vos bons mots , qui ne laiffent pas de vous
faire bien des ennemis. Croyez-moi , mon
pauvre Moliere , refpondit Chapelle , tous ces
ennemis feront mes amis dès que je voudrai
les eftimer ; parce que je fuis d'humeur , & en
état de ne les point craindre. Et fi j'avois des
ouvrages à faire , j'y travaillerois avec tranquillité : & peut-être feroient-ils moins remplis
que les vôtres de chofes baffes & triviales ;
car vous avez beau faire , vous ne fauriez
quitter le goût de la face. Si je travaillois pour
l'honneur, répondit Moliere, mes ouvrages fe-
roient tournez tout autrement: Mais il faut que
je parle à une foule de peuple , & à peu de
gens d'efprit pour foûtenir ma Troupe , ces
gens-là ne s'accommoderoient nullement de
vôtre élevation dans le ftile , & dans les fentimens : Et vous l'avez vû, vous-même : Quand
j'ai hazardé quelque chofe d'un peu de paffable,
avec quelle peine il m'a fallu en arracher le fuccès. Je fuis feur que vous qui me blâmez aujourd'hui , vous me loüierez quand je ferai
mort. Mais vous qui faites fi fort l'habile homme , & qui paffez à caufe de vôtre bel efprit
pour avoir beaucoup de part à mes pieces , je
voudrois bien vous voir à l'ouvrage. Je tra-

D

vaille prefentement fur un caractere, où j'ai
befoin de telles fcênes, faites-les, vous m'o-
bligerez,& je me ferai honneur d'avoüer un fe-
cours comme le vôtre. Chapelle accepta le dé-
fi : Mais lors qu'il aporta fon ouvrage à Moliere, celui-ci après la premiere lecture le rendit
à Chapelle : il n'y avoit aucun goût du theâtre, rien n'y étoit dans la nature ? c'étoit plûtôt un recueil de bons mots fans place, que
des fcênes fuivies. Cet ouvrage de Mr. de Chapelle ne feroit-il point l'original du Tartuffe,
qu'une famille de Paris, jaloufe avec juftice
de la Chapelle, fe vente de poffeder écrit, &
raturé de fa main ? Mais à en venir à l'examen,
on y trouveroit feurement de la difference avec
celui de Moliere.

Voici un éclairciffement tres-fingulier que
Moliere effuya avec un de fes Courtifans qui
marquent par la fingularité. Celui-ci fur le raport de quelqu'un, qui vouloit aparemment fe
moquer de lui, fut trouver l'autre en grand
Seigneur. Il m'eft revenu, Moliere, dit-il, a-
vec hauteur dès la porte, qu'il vous prend
phantaifie de m'ajufter au Theâtre, fous le titre d'Extravagant, feroit-il bien vrai ? Moi,
Monfieur ! lui répondit Moliere, je n'ai jamais
eu deffein de travailler fur ce caractere: j'ataque-
rois trop de monde. Mais fi j'avois à le faire,
je vous avoüe, Monfieur, que je ne pourrois
mieux faire, que de prendre dans vôtre perfonne le contrafte que j'ai accoûtumé de donner
au ridicule, pour le faire fentir davantage.
Ah ! je fuis bien aife que vous me connoiffiez
un peu, lui dit le Comte : j'étois étonné que
vous m'euffiez fi mal obfervé. Je venois arrê-
er vôtre travail ; car je ne crois pas que vous

euſſiez paſſé outre. Mais , Monſieur , lui repartit Moliere , qu'aviez-vous à craindre ? Vous
eût-on reconnu dans un caractere ſi opoſé au
vôtre. Tubleu , répondit le Comte , il ne faut
qu'un geſte qui me reſſemble pour me déſigner,
& c'en ſeroit aſſez pour amener tout Paris à
vôtre piece ; Je ſais l'attention que l'on a ſur
moi. Non, Monſieur, dit Moliere : le reſpect
que je dois à une perſonne de vôtre rang ,
doit vous être garant de mon ſilence. Ah ! bon,
répondit le Comte , je ſuis bien aiſe que vous
ſoyez de mes amis ; je vous eſtime de tout
mon cœur , & je vous ferai plaiſir dans les occaſions. Je vous prie , ajoûta-t-il , mettez-
moi en contraſte dans quelque piece ; je vous
donnerai un memoire de mes bons endroits.
Ils ſe preſentent à la premiere vûë , lui repliqua Moliere : mais pourquoi voulez-vous faire briller vos vertus ſur le Théâtre ? Elles pa-
roiſſent aſſez dans le monde , perſonne ne vous
ignore. Cela eſt vrai , répondit le Comte :
mais je ſerois ravi que vous le reprochaſſiez toutes dans leurs point de vûë: on parleroit encore
plus de moi. Ecoûtez , ajoûta-t-il , je tranche
fort avec N .... mettez-nous enſemble : cela
fera une bonne piece. Quel titre lui donne-
riez-vous ? Mais je ne pourrois, lui dit Moliere,
lui en donner d'autre que celui de l'Extravagant.
Il ſeroit excellent , par ma foi , lui repartit le
Comte : car le pauvre homme n'extravague pas
mal. Faites cela , je vous en prie : je vous ver-
rai ſouvent pour ſuivre vôtre travail. A Dieu ,
Monſieur de Moliere , ſongez à nôtre piece , il
me tarde qu'elle ne paroiſſe. La fatuité de ce
Courtiſan mit Moliere de mauvaiſe humeur , au
lieu de le réjoüir, & il ne perdit pas l'idée de

le mettre bien ſerieuſement au Theâtre : mais il n'en a pas eu le tems.

Moliere trouva mieux ſon compte dans la Scene ſuivante, que dans celle du Courtiſan, il ſe mit dans le vrai à ſon aiſe, & donna des marques deſintereſſées d'une parfaite ſincerité : c'étoit où il triomphoit. Un jeune bomme de vingt-deux ans, beau, & bienfait le vint trouver un jour, & aprés les complimens lui découvrit qu'étant né avec toutes les diſpoſitions neceſſaires pour le Theâtre, il n'avoit point de paſſion plus forte, que celle de s'y attacher : qu'il venoit le prier de lui en procurer les moyens, & lui faire connoître que ce qu'il avançoit étoit veritable. Il declama quelques Scenes détachées, ſeditieuſes & comiques devant Moliere qui fut ſurpris de l'art avec lequel ce jeune homme faiſoit ſentir les endroits touchans. Il ſembloit qu'il eût travaillé vingt années, tant il étoit aſſuré dans ſes tons ; les geſtes étoient ménagés avec eſprit : De ſorte que Moliere vìt bien que ce jeune homme avoit été élevé avec ſoin. Il lui demanda comment il avoit apris la declamation. J'ai toûjours eu inclination de paroître en public, lui dit-il, les Regens ſous qui j'ai étudié ont cultivé les diſpoſitions que j'ai apportées en naiſſant, j'ai tâché d'apliquer les regles à l'éxecution ; & je me ſuis fortifié en allant ſouvent à la Comedie. Et avez-vous du bien lui dit Moliere. Mon Pere eſt un Avocat aſſez à ſon aiſe, lui répond le jeune homme. Et bien, lui repliqua Moliere, je vous conſeille de prendre ſa profeſſion ; la nôtre ne vous convient point ; c'eſt la derniere reſſource de ceux qui ne ſauroient mieux faire, ou des Libertins, qui veulent ſe ſouſtraire au travail. D'ailleurs, c'eſt enfoncer le poignard dans le cœur de vos parens, que de monter ſur le Theâtre : vous en ſavez les raiſons, je me ſuis toûjours reproché d'avoir donné ce déplaiſir à ma famille. Et vous avoüe que ſi c'étoit à recommencer, je ne choiſirois jamais cette profeſſion. Vous croyez, peut-être, a-joûta-t-il, qu'elle a ſes agrémens : vous vous trompez. Il eſt vrai que nous ſommes en aparence recherchés des grands Seigneurs, mais ils nous aſſujettiſſent à leurs plaiſirs : & c'eſt la plus triſte de toutes les ſituations, que d'être l'eſclave de leur phantaiſie. Le reſte du monde nous regarde comme des gens perdus, & nous mépriſe. Ainſi, Monſieur, quittez un deſſein ſi contraire à vôtre honneur & à vôtre repos. Si vous étiez dans le beſoin, je pourrois vous rendre mes ſervices, mais je ne vous le cele point, je vous ſerois plûtôt un obſtacle. Le jeune homme donnoit quelques raiſons pour perſiſter dans ſa reſolution, quand Chapelle entra, un peu pris de vin ; Moliere lui fit entendre reciter ce jeune homme. Chapelle en fut auſſi étonné que ſon ami. Ce ſera là, dit-il, un excellent Comedien ! On ne vous conſulte pas ſur cela, répond Moliere à Chapelle. Repreſentez-vous, ajoûta-t-il, au jeune homme la peine que nous avons. Incommodez, ou non, il faut être prêts à marcher au premier ordre, & à donner du plaiſir quand nous ſommes bien ſouvent acablés de chagrin, à ſouffrir la ruſticité de la plûpart des gens avec qui nous avons à vivre, & à captiver les bonnes graces d'un public, qui eſt en droit de nous gourmander pour l'argent qui nous donne. Non, Monſieur, croyez-moi encore une fois, dit-il

au jeune homme , ne vous abandonnez point
au deſſein que vous avez pris : faites-vous A-
vocat , je vous répons du ſuccès. Avocat ! dit
Chapelle , & fy ! il a trop de mérite pour brail-
ler à un barreau:Et c'eſt un vol qu'il fait au public s'il ne ſe fait Prédicateur , ou Comedien.
En verité, lui répond Moliere , il faut que vous
ſoyez bien yvre pour parler de la ſorte , & vous
avez bien mauvaiſe grace de plaiſanter ſur une
affaire auſſi ſérieuſe que celle-ci , où il eſt
queſtion de l'honneur & de l'établiſſement de
Monſieur. Ah ! puiſque nous ſommes ſur le
ſérieux repliqua Chapelle , je vais le prendre
tout de bon. Aimez-vous le plaiſir : dit-il au
jeune homme ? je ne ſerai pas fâché de joüir
de celui qui peut m'être permis , répondit le
fils de l'Avocat. Eh bien donc , repliqua Chapelle , mettez-vous dans la tête que malgré
tout ce que Moliere vous a dit , vous en au-
rez plus en ſix mois de Theâtre qu'en ſix années de barreau. Moliere qui n'avoit en vûë
que de convertir le jeune homme , redoubla ſes
raiſons pour le faire; & enfin il réüſſit à lui faire
perdre la penſée de ſe mettre à la Comedie. Oh!
voilà mon Harangueur qui triomphe , s'écria
Chapelle, mais morbleu vous répondrez du peu
de ſuccès que Monſieur fera dans le parti que
vous lui faites embraſſer.

Chapelle avoit de la ſincerité , mais ſouvent elle étoit fondée ſur de faux principes,
d'où on ne pouvoit le faire revenir; & quoiqu'il
n'eût point envie d'offenſer perſonne, il ne pouvoit reſiſter au plaiſir de dire ſa penſée , & de
faire valoir un bon mot aux dépens de ſes amis.
Un jour qu'il dinoit en nombreuſe compagnie
avec Mr. le Marquis de M * * * dont le Page ,

pour tout domestique servoit à boire , il souf-
froit de n'en point avoir aussi souvent que l'on
avoit accoûtumé de lui en donner ailleurs , la
patience lui échapa à la fin. Eh ! je vous prie ,
Marquis , dit-il à Mr. de M * * * donnez-moi
la monnoie de vôtre Page.

Chapelle se seroit fait un scrupule de refuser
une partie de plaisir, il se livroit au premier venu sur cet article-là : il ne falloit pas être son
ami pour l'engager dans ce repas qui percent
jusques à l'extrémité de la nuit. Il suffisoit de le
connoître légérement. Moliere étoit desolé
d'avoir un ami si agreable & si honnête homme,
ataqué de ce défaut , il lui en faisoit souvent
des reproches , & Mr. de Chapelle lui prome-
toit toûjours merveilles , sans rien tenir. Moliere n'étoit pas le seul de ses amis à qui sa conduite fit de la peine. Mr. des D * * * le rencon-
trant un jour au Palais lui en parla à cœur ou-
vert. Est-il possible , lui dit-il , que vous ne re-
viendrez point de cette fatigante crapule qui
vous tuera à la fin ? Encore si c'étoit toûjours
avec les mêmes personnes , vous pourriez esperer de la bonté de vôtre temperament de tenir bon aussi long-tems qu'eux. Mais quand une
Troupe s'est outrée avec vous , elle s'écarte ;
les uns vont à l'armée , les autres à la campagne où ils se reposent ; & pendant ce tems-là
une autre compagnie les releve , de maniere ,
que vous êtes nuit & jour à l'atelier. Croyez-
vous de bonne foi pouvoir être toûjours le Pla-
stron de ces gens-là sans succomber : D'ailleurs
vous êtes tout agréable , ajoûta Mr. des P * * *
Faut-il prodiguer cet agrément indifferemment
à tout le monde ? Vos amis ne vous ont plus
d'obligation , quand vous leur donnez de vôtre

tems pour se réjoüir avec vous, puisque vous
prenez le plaisir avec le premier venu qui vous
le propose, comme avec le meilleur de vos amis.
Je pourrois vous dire encore que la Religion,
vôtre reputation même, devroient vous arrêter
& vous faire faire de serieuses réflexions sur
vôtre dérangement. Ah ! voilà qui est fait, mon
cher ami, je vais entierement me mettre en re-
gle, répondit Chapelle, la larme à l'œil, tant
il étoit touché ; je suis charmé de vos raisons,
elles sont excellentes, & je me fais un plaisir
de les entendre : redites-les, afin qu'elles me fassent plus d'impression. Mais, dit-il;
je vous écouterai plus commodément dans le
cabaret qui est ici proche, entrons-y mon cher
Ami, & me faites bien entendre raison, car je
veux revenir de tout cela. Mr. des P✶✶✶ qui
croyoit être au moment de convertir Chapelle,
le suit, & en beuvant un coup de bon vin,
lui étale une seconde fois sa Rhétorique, mais
le vin venoit toûjours, de maniere que ces Messieurs, l'un en prêchant, & l'autre en écoutant
s'enyvrerent si bien, qu'il fallut les reporter
chez eux.

Si Chapelle étoit incommode à ses amis par
son indifference : Moliére ne l'étoit pas moins
dans son domestique par son exactitude & par
son arrangement. Il n'y avoit personne, quelque atention qu'il eût, qui y pût répondre:
une fenêtre ouverte ou fermée, un moment
devant ou aprés le tems qu'il l'avoit ordonné,
mettoit Moliere en convulsion, il étoit petit
dans ces occasions. Si on lui avoit dérangé un
livre, c'en étoit assez pour qu'il ne travaillât
de quinze jours : il y avoit peu de domestiques
qu'il ne trouvât en défaut, & la vieille servante

la Foreſt , y étoit priſe auſſi ſouvent que les autres , quoiqu'elle dût être acoûtumée à cette fatigante régularité que Moliere éxigeoit de tout le monde. Et même il étoit prévenu que c'étoit une vertu , de ſorte que celui de ſes amis qui étoit le plus régulier , & le plus arangé , étoit celui qu'il eſtimoit le plus.

Il étoit très - ſenſible au bien qu'il pouvoit faire dire de tout ce qui le regardoit : ainſi il ne négligeoit aucune ocaſion de tirer avantage dans les choſes communes , comme dans le ſérieux, & il n'épargnoit pas la dépenſe pour ſe ſatisfaire ; d'autant plus qu'il étoit naturellement trés-liberal. Et l'on a toûjours remarqué qu'il donnoit aux pauvres avec plaiſir , & qu'il ne leur faiſoit jamais des aumônes ordinaires.

Il n'aimoit point le jeu , mais il avoit aſſez de penchant pour le ſexe: la de. ✱ ✱ ✱ l'amuſoit quand il ne travailloit pas. Un de ſes amis, qui étoit ſurpris qu'un homme auſſi délicat que Moliere , eût ſi mal placé ſon inclination , voulut le dégoûter de cette Comédienne. Eſt - ce la vertu , la beauté , ou l'eſprit , lui dit - il , qui vous font aimer cette femme - là? Vous ſçavez que la Barre , & Florimont ſont de ſes amis , qu'elle n'eſt point belle , que c'eſt un vrai ſquelette & qu'elle n'a pas le ſens commun. Je ſçai tout cela , Monſieur , lui répondit Moliere ; mais je ſuis acoûtumé à ſes défauts , & il faudroit que je priſſe trop ſur moi , pour m'acommoder aux imperfections d'un autre , je n'en ai ni le tems ni la patience. Peut-être auſſi qu'un autre n'auroit pas voulu de l'atachement de Moliere , il traitoit l'engagement avec négligence , & ſes aſſiduitez n'étoient pas trop fatigantes pour une femme ; en huit jours une petite converſation, c'en étoit aſſez pour lui, ſans qu'il ſe mît en peine d'être aimé, excepté de ſa femme, dont il auroit acheté la tendreſſe pour toute choſe au monde. Mais ayant été malheureux de ce côté-là, il avoit la prudence de n'en parler jamais qu'à ſes amis; encore fallut-il qu'il y fût indiſpenſablement obligé.

C'étoit l'homme du monde qui ſe faiſoit le plus ſervir; il falloit l'habiller comme un Grand Seigneur, & il n'auroit pas arangé les plis de ſa cravate. Il avoit un valet, dont je n'ai pu ſçavoir ni le nom, ni la famille, ni le pays; mais je ſçai que c'étoit un domeſtique aſſez épais, & qu'il avoit ſoin d'habiller Moliere. Un matin qu'il le chauſſoit à Chambord il mit un de ſes bas à l'envers. Un tel, dit gravement Moliere, ce bas eſt à l'envers. Auſſi-tôt ce valet le prend par le haut, & en dépoüillant la jambe de ſon maître met ce bas à l'endroit. Mais comptant ce changement pour rien, il enfonce ſon bras dedans, le retourne pour chercher l'endroit, & l'envers revenu deſſus, il rechauſſe Moliere. Un tel, lui dit-il encore froidement, ce bas eſt à l'envers. Le ſtupide domeſtique qui le vit avec ſurpriſe, reprend le bas, & fait le même exercice que la premiere fois, & s'imaginant avoir reparé ſon peu d'intelligence, & avoir donné ſeurement à ce bas le ſens où il devoit être, il chauſſe ſon maître avec confiance : Mais ce maudit envers ſe trouvant toûjours deſſus la patience échapa à Moliere. Oh, parbleu c'en eſt trop, dit-il, en lui donnant un coup de pied, qui le fit tomber à la renverſe : Ce maraud-là me chauſſera éternellement à l'envers; ce ne ſera jamais qu'un ſot, quelque métier qu'il faſſe. Vous êtes Philoſophe; vous étes plûtôt le Diable , lui répondit ce pauvre garçon , qui fut plus de ving-quatre heures à comprendre comment ce mal-heureux bas se trouvoit toûjours à l'envers.

On dit que le Pourceau-gnac fut fait à l'oca-sion d'un Gentil-homme Limousin , qui un jour de spectacle & dans une querelle qu'il eut sur le Théâtre avec les Comediens, étala une par-tie du ridicule dont il étoit chargé. Il ne le porta pas loin ; Moliere pour se venger de ce Campagnard, le mit en son jour sur le Theâtre, & en fit un divertissement au goût du Peuple , qui se réjoüit fort à cette piece , laquelle fut joüée à Chambord , au mois de Septembre de l'année 1669. & à Paris un mois après.

Le Roi s'étant proposé de donner un diver-tissement à sa Cour au mois de Fevrier de l'an-née 1670. Moliere eut ordre d'y travailler.Il fit les Amans magnifiques qui firent beaucoup de plaisir au Courtisan, qui est toûjours touché par ces sortes de spectacles.

Moliere travailloit toûjours d'aprés la nature pour travailler plus seurement. Mr. Rohaut , quoique son ami, fut son modele pour le Philo-sophe du Bourgeois Gentilhomme ; & afin d'en rendre la representation plus heureuse , Moliere fit dessein d'emprunter un vieux chapeau de Mr. Rohaut , pour le donner à du Croisy , qui de-voit representer ce personnage dans la piece. Il envoya Baron chez Mr. Rohaut pour le prier de lui prêter ce chapeau , qui étoit d'une si singu-liere figure qu'il n'avoit pas son pareil. Mais Moliere fut refusé parce que Baron n'eut pas la prudence de cacher au Philosophe l'usage qu'on vouloit faire de son chapeau. Cette atention de Moliere dans une bagatelle fait connoître

D vj

celle qu'il avoit à rendre ses representations heureuses. Il sçavoit que quelque recherche qu'il pût faire, il ne trouveroit point un chapeau aussi philosophe que celui de son ami qui auroit cru être dès-honoré si sa coëffure avoit paru sur la Scêne.

Cette inquiétude de Moliere sur tout ce qui pouvoit contribuer au succès de ses pieces, causa de la mortification à sa femme à la premiere representation du Tartuffe. Comme cette piece promettoit beaucoup, elle y voulut briller par l'ajustement, elle se fit faire un habit magnifique sans en rien dire à son mari & du'tems à l'avance elle étoit ocupée du plaisir de le mettre. Moliere alla dans sa loge une demi - heure avant qu'on commençat la piece. Comment donc Mademoiselle, dit-il en la voyant si parée, que voulez - vous dire avec cet ajustement ! ne sçavez - vous pas que vous êtes incommodée dans la piece ? Et vous voilà eveillée & ornée comme si vous alliez à une fête ! dès-habillez-vous vîte, & prenez un habit convenable à la situation où vous devez être. Peu s'en fallut que la Moliere ne voulut pas joüer, tant elle étoit desolée de ne pouvoir faire parade d'un habit, qui lui tenoit plus au cœur que la piece.

Le Bourgeois Gentilhomme fut joüé pour la premiere fois à Chambord, au mois d'Octobre 1670. Jamais piece n'a été plus malheureusement reçüe que celle-là, & aucune de celles de Moliere ne lui a donné tant de déplaisir. Le Roi ne lui en dit pas un mot à son souper : Et tous les Courtisans la mettoient en morceaux. Moliere nous prend assûrément pour des Gruës de croire nous divertir avec de telles pauvretez,

difoit Mr. le Duc de * * * Qu'eſt ce qu'il veut
dire avec ſon halaba, balachou, ajoûtoit Mr.
le Duc de *** le pauvre homme extravague :
Il eſt épuiſé, ſi quelque autre Auteur ne prend
le Theâtre il va tomber. Cet homme-là donne
dans la farce Italienne. Il ſe paſſa cinq jours
avant que l'on repreſentât cette piece pour la
ſeconde fois, & pendant ces cinq jours Moliere
tout mortifié, ſe tint caché dans ſa chambre :
Il aprehendoit le mauvais compliment du Courtiſan prévenu;il envoyoit ſeulement Baron à la
découverte, qui lui raportoit toûjours de mauvaiſes nouvelles. Toute la Cour étoit revoltée.

Cependant on joua cette piece pour la ſeconde fois. Après la repreſentation, le Roi,
qui n'avoit point encore porté ſon jugement,
eut la bonté de dire à Moliere. Je ne vous ai
point parlé de vôtre piece à la premiere repreſentation, parce que j'ai aprehendé d'être ſé-
duit par la maniere dont elle avoit été repreſentée : Mais en verité, Moliere, vous n'avez encore rien fait, qui m'ait plus diverti, & vôtre
piece eſt excellente. Moliere reprit haleine au
jugement de Sa Majeſté : & auſſi-tôt il fut ac-
cablé de loüanges par les Courtiſans, qui tous
d'une voix repétoient tant bien que mal ce que
le Roi venoit de dire à l'avantage de cette piece. Cet homme là eſt inimitable, diſoit le même Mr. le Duc de.... il y a un *vis comica*, dans
tout ce qu'il fait que les anciens n'ont pas auſſi heureuſement rencontré que lui. Quel malheur pour ces Meſſieurs que Sa Majeſté n'eût
point dit ſon ſentiment la premiere fois,ils n'auroient pas été à la peine de ſe retracter, & de
s'avoüer foibles connoiſſeurs en ouvrages. Je
pourrois rapeller ici qu'ils avoient été aupara-

vant surpris par le Sonnet du Misantrope : A la premiere lecture ils en furent saisis ; ils le trouvérent admirable ; ce ne furent qu'exclamations. Et peu s'en fallut qu'ils ne trouvassent fort mauvais que le Misantrope fît voir que ce sonnet étoit détestable.

En effet y a-t'il rien de plus beau que le premier Acte du Bourgeois Gentil-homme ? il devoit du moins fraper ceux qui jugent avec équité par les connoissances les plus communes. Et Moliere avoit bien raison d'être mortifié de l'avoir travaillé avec tant de soin pour être payé de sa peine par un mépris assommant. Et si j'ose me prévaloir d'une ocasion si peu considérable par raport au Roi, on ne peut trop admirer son heureux discernement, qui n'a jamais manqué la justesse dans les petites ocasions, comme dans les grands événemens.

Au mois de Novembre de la même année 1670. que l'on representa le Bourgeois Gentilhomme à Paris le nombre prit le parti de cette piece. Chaque Bourgeois y croyoit trouver son voisin peint au naturel : & ne se lassoit d'aller voir ce portrait. Le Spectacle d'ailleurs, quoiqu'outré & hors du vrai-semblable ; mais parfaitement bien éxecuté, atiroit les Spectateurs : & on laissoit gronder les Critiques, sans faire attention à ce qu'ils disoient contre cette piece.

Il y a des gens de ce tems-ci qui pretendent que Moliere ait pris l'idée du Bourgeois Gentilhomme dans la Personne de Gandoüin. Chapelier, qui avoit consommé cinquante mille écus avec une femme, que Moliere connoissoit , & â qui ce Gandoüin donna une belle maison qu'il avoit à Meudon.

Quand cet homme fut abîmé, dit-on, voulut plaider pour rentrer en poſſeſſion de ſon bien. Son neveu, qui étoit Procureur & de meilleur ſens que lui, n'ayant pas voulu entrer dans ſon ſentiment, cet Oncle furieux lui donna un coup de couteau, dont pourtant il ne mourut pas. Mais on fit enfermer ce fou à Charanton d'où il ſe ſauva par deſſus les murs. Bien loin que ce Bourgeois ait ſervi d'original à Moliere pour ſa piece, il ne l'a connu ni devant ni après l'avoir faite : & il eſt indifferent à mon ſujet que l'avanture de ce Chapelier ſoit arrivée, ou non, aprés la mort de Moliere.

Les fourberies de Scapin parurent pour la premiere fois le 24. de Mai 1671. Et la Comteſſe d'Eſcarbagnas fut jouée à la Cour au mois de Fevrier de l'année ſuivante, & à Paris le 8. de Juillet de la même année. Tout le monde ſait combien les bons Juges, & les gens du goût délicat ſe récriérent contre ces deux piéces. Mais le peuple pour qui Moliere avoit eu intention de les faire, les vit en foule, & avec plaiſir.

Si le Roi n'avoit eu autant de bonté pour Moliere à l'égard de ſes femmes ſavantes, que Sa Majeſté en avoit eu auparavant au ſujet du Bourgeois Gentilhomme, cette premiére piéce ſeroit peut-être tombée. Ce divertiſſement, diſoit-on, étoit ſec, peu intereſſant, & ne convenoit qu'à des gens de Lecture. Que m'importe, s'écria Mr. le Marquis...... de voir le ridicule d'un Pedant : Eſt-ce un caractére à m'ocuper ? Que Moliére en prenne à la Cour, s'il veut me faire plaiſir. Où a-t'il été déterrer, ajoutoit Mr. le

Comte de . . . . . . ces fottes femmes, fur lef-
quelles il a travaillé auffi férieufement que fur
un bon fujet ? Il n'y a pas le mot pour rire à
tout cela pour l'homme de Cour , & pour le
Peuple. le Roi n'avoit point parlé à la premiére répréfentation de cette piéce. Mais à
la feconde qui fe donna à St. Cloud , Sa Majefté dit à Moliere , que la premiére fois elle
avoit dans l'efprit autre chofe qui l'avoit
empêché d'obferver fa piéce ; mais qu'elle é-
toit tres-bonne , & qu'elle lui avoit fait beaucoup de plaifir. Moliere n'en demandoit pas
davantage , affuré que ce qui plaifoit au Roi ,
étoit bien receu des connoiffeurs , & affuje-
tiffoit les autres. Ainfi il donna fa piéce à
Paris avec confiance le 11. de Mai 1672.

Moliere étoit vif quand on l'ataquoit. Benferade l'avoit fait ; mais je n'ai pu favoir à
quelle ocafion. Celui là réfolut de fe venger
de celui-ci : quoiqu'il fût le bel efprit d'un
grand Seigneur , & honoré de fa protection.
Moliere s'avifa donc de faire des vers du goût
de ceux de Benferade , à la loüange du Roi ,
qui reprefentoit Neptune dans une fête. Il ne
s'en déclara point l'Auteur , mais il eut la
prudence de le dire à Sa Majefté. Toute la
Cour trouva ces vers tres-beaux , & tout d'u-
ne voix les donna à Benferade , qui ne fit
point de façon d'en recevoir les complimens ,
fans neanmois fe livrer trop impunement. Le
Grand Seigneur , qui le protegeoit : étoit ravi de le voir triompher , & il en tiroit vanité , comme s'il avoit lui même été l'auteur
de ces vers. Mais quand Moliere eut bien
préparé fa vangeance , il déclara publiquement
qu'il les avoit faits. Benferade fut honteux ;

& son Protecteur se fâcha , & menaça même
Moliere d'avoir fait cette piéce à une personne qu'il honoroit de son estime & sa protection. Mais le Grand Seigneur avoir les sentimens trop élevés , pour que Moliere dût
craindre les suites de son premier mouve-
ment.

Bien des gens s'imaginent que Moliere a eu
un commerce particulier avec Mr. R . . . . Je
n'ai-point trouvé que cela fût vrai, dans la recherche que j'en ai faite : Au contraire l'âge ,
le travail , & le caractére de ces Messieurs é-
toient si differens que je ne crois pas qu'ils deus-
sent se chercher : & je ne pense pas même que
Moliere estimât R . . . J'en juge parce qui leur
arriva à l'occasion de B . . R . . ayant fait
cette piéce la promit à Moliere , pour la faire
joüer sur son theâtre : il la laissa même anon-
cer. Cependant il jugea à propos de la donner aux Comédiens de l'Hôtel de Bourgogne :
ce qui indigna Moliere & Baron contre lui.
Mr. de P . . . . ayant dit à celui-ci à Fontai-
nebleau qu'il étoit fâché que sa troupe n'eût
pas B . . . . parce que cette piéce lui auroit
fait honneur, Baron lui répondit qu'il en étoit
fort aise , pour n'avoir point à faire à un
malhonnête homme. Mr. de P . . . . lui repliqua
qu'il étoit bien hardi de lui parler mal de son
ami. Baron animé ne fit pas de façon de sou-
tenir sa these qui dégénéra en invectives : &
ils en étoient presqu'aux mains derriere le théâtre , quand Moliere arriva : & qui après les a-
voir separés , s'être fait rendre conte du sujet
de la querelle , dit à Baron qu'il avoit grand
tort de dire du mal de R . . . à Mr. P . . . .
qu'il savoit bien que c'étoit son ami : & que

c'étoit pour un jeune homme trop s'écarter de la Politeſſe. Qu'à la verité, lui Moliere, répandoit par tout la mauvaiſe foi de R.....& qu'il faiſoit voir ſon indigne caractére à tout le monde ; mais qn'il ſe donnoit bien de garde d'en venir dire du mal à Mr. de P.... qui quoique tres - mal ſatisfait de la remonſtrance de Moliere à Baron, prit le partit de ne rien répondre, & de ſe retirer. J'ai cependant entendu parler fort avantageuſement de Moliere ; & c'eſt de lui que je tiens une bonne partie des choſes que j'ai raportées.

J'ai aſſez fait connoître que Moliere n'avoit pas toujours vêcu en intelligence avec ſa femme ; il n'eſt pas même néceſſaire que j'entre dans de plus grands détails, pour en faire voir la cauſe. Mais je prens ici ocaſion de dire que l'on a debité, & que l'on donne encore aujourd'hui dans le public pluſieurs mauvais mémoires remplis de fauſſetez à l'égard de Moliere & de ſa femme. Il n'eſt pas juſqu'à Mr. Baile, qui dãs ſon Dictionnaire Hiſtorique, & ſur l'autorité d'un indigne & mauvais Roman ne faſſe faire un perſonnage à Moliere, & à ſa femme fort au deſſous de leurs ſentimens, & éloigné de la verité ſur cet article-là. Il vivoit en vrai Philoſophe : & toujours ocupé de plaire à ſon Prince par ſes ouvrages, & de s'aſſurer une réputation d'honnête homme, il ſe mettoit peu en peine des humeurs de ſa femme ; qu'il laiſſoit vivre à ſa phantaiſie, quoiqu'il conſervât toujours pour elle une veritable tendreſſe. Cependant ſes amis eſſayerent de les racommoder, ou pour mieux dire, de les faire vivre avec plus de concert. Ils y réüſſirent : & Moliere pour rendre leur union plus parfaite quitta l'uſage du lait , qu'il n'avoit pas discontinué jusqu'alors , & il se mit à la viande. Ce changement d'alimens redoubla sa toux , & sa fluxion sur la poitrine. Cependant il ne laissa pas d'achever le Malade Imaginaire , qu'il avoit commencé dépuis du tems ; car comme je l'ai déja dit , il ne travailloit pas vîte , mais il n'étoit pas fâché qu'on le crût expéditif. Lorsque le Roi lui demanda un divertissement , & qu'il donna Psyché au mois de Janvier 1672. il ne désabusa point le Public , que ce qui étoit de lui dans cette Piéce ne fût fait ensuite des ordres du Roi , mais je sçai qu'il étoit travaillé un an & demi auparavant , & ne pouvant pas se résoudre d'achever la piéce en aussi peu de tems qu'il en avoit , il eut recours à Mr. de Corneille pour lui aider. On sçait que cette Piéce eut à Paris au mois de Juillet 1672. tout le succès qu'elle méritoit. Il n'y a pourtant pas lieu de s'étonner du tems que Moliere mettoit à ses onvrages : il conduisoit sa Troupe, il se chargeoit toujours des plus grands rôles , les visites de ses amis & des grands Seigneurs étoient fréquentes , tout cela l'ocûpoit suffisamment pour n'avoir pas beaucoup de tems à donner à son cabinet. D'ailleurs sa santé étoit très-foible , il étoit obligé de se ménager.

Dix mois après son racommodement avec sa femme il donna le 10. de Fevrier de l'année 1673. le malade Imaginaire , dont on prétend qu'il étoit l'original. Cette Piece eut l'aplaudissement ordinaire que l'on donnoit à ses ouvrages , malgré les critiques qui s'élevérent. C'étoit le sort de ses meilleures pieces d'en avoir , & de n'être goutées qu'après la reflexion. Et l'on a remarqué qu'il n'y a guére eu que les Precieuses

Ridicules & l'Amphitrion qui ayent plû tout
d'un coup.

Le jour que l'on devoit donner la troisiéme
representation du Malade Imaginaire, Moliere
se trouva tourmenté de sa fluxion beaucoup
plus qu'à l'ordinaire : ce qui l'engagea de faire
apeller sa femme, à qui il dit, en presence de
Baron. Tant que ma vie a été mêlée également
de douleur & de plaisir, je me suis cru heureux ; mais aujourd'hui que je suis acablé de
peines sans pouvoir compter sur aucuns momens
de satisfaction & de douceur, je vois bien qu'il
me faut quitter la partie ; je ne puis plus tenir
contre les douleurs & les déplaisirs, qui ne me
donnent pas un instant de relâche. Mais ajoûta-
t'il, en réfléchissant, qu'un homme souffre
avant que de mourir ! Cependant je sens bien
que je finis. La Moliere & Baron furent vivement
touchez du discours de Mr. Moliere, auquel
ils ne s'attendoient pas, quelque incommodé
qu'il fût. Ils le conjurérent les larmes aux yeux,
de ne point joüer ce jour-là, & de prendre du
repos pour se remettre. Comment voulez - vous
que je fasse, leur dit-il, il y a cinquante pauvres Ouvriers, qui n'ont que leur journée pour
vivre ; que feront-ils, si l'on ne joüe pas ? Je
me reprocherois d'avoir négligé de leur donner
du pain un seul jour, le pouvant faire absolument. Mais il envoya chercher les Comédiens,
à qui il dit que se sentant plus incommodé que
de coûtume, il ne joüeroit point ce jour-là s'ils
n'étoient prêts à quatre heures précises pour
joüer la Comédie. Sans cela, leur dit-il, je ne
puis m'y trouver ; & vous pourrez rendre l'argent. Les Comédiens tinrent les lustres allumez
& la toile levée précisément à quatre heures.

Moliere répréfenta avec beaucoup de difficulté :
& la moitié des Spectateurs s'aperçûrent, qu'en
prononçant *Juro* , dans la cérémonie du malade imaginaire , il lui prit une convulfion. Ayant
remarqué lui-même que l'on s'en étoit aperçû,
il fe fit un effort , & cacha par un rié forcé, ce
qui venoit de lui arriver.

Quand la Piéce fut finie , il prit fa robe de
chambre & fut dans la loge de Baron, & il lui
demanda ce que l'on difoit de fa Piéce. Mr. le
Baron lui répondit , que fes ouvrages avoient
toûjours une heureufe réüffite à les éxaminer
de près , & que plus on les répréfentoit ,
plus on les goutoit. Mais , ajoûta-t'il , vous me
paroiffez plus mal que tantôt. Cela eft vrai , lui
répondit Moliere , j'ai un froid qui me tuë. Baron après lui avoir touché les mains , qu'il
trouva glacées , les lui mit dans fon manchon,
pour les réchauffer , il envoya chercher fes Por-
teurs pour le porter promtement chez lui , & il
ne quita point fa chaife , de peur qu'il ne lui
arrivât quelque accident du Palais Royal, dans
la ruë de Richelieu où il logeoit. Quand il fut
dans fa chambre, Baron lui voulut faire prendre
du boüillon dont la Moliere avoit toûjours pro-
vifion pour elle ; car on ne pouvoit avoir plus
de foin de fa perfonne qu'elle en avoit. Eh !
non , dit-il , les boüillons de ma femme font
de vraye eau forte pour moi , vous fçavez tous
les ingrediens qu'elle y fait mettre : donnez-
moi plûtôt un petit morceau de fromage de
Parmefan. La Foreft lui en aporta ; il en mangea avec un peu de pain, & il fe fit mettre au lit.
Il n'y eut pas été un moment , qu'il envoya demander à fa femme un oreiller , rempli d'une
drogue qu'elle lui avoit promis pour dormir.

Tout ce qui n'entre point dans le corps, dit-il, je l'éprouve volontiers, mais les remedes qu'il faut prendre me font peur; il ne faut rien pour me faire perdre ce qui me reste de vie. Un instant après il lui prit une toux extremement forte, & après avoir craché il demanda de la lumiere; voici, dit-il, du changement. Baron ayant vû le sang qu'il venoit de rendre: s'écria avec frayeur. Ne vous épouvantez point, lui dit Moliere, vous m'en avez vû rendre bien davantage. Cependant, ajoûta-t'il, allez dire à ma femme qu'elle monte. Il resta assisté de deux Sœurs Religieuses, de celles qui viennent ordinairement à Paris quêter pendant le Carême, & ausquelles il donnoit l'Hospitalité. Elles lui donnerent à ce dernier moment de sa vie tout le secours édifiant que l'on pouvoit attendre de leur charité, & il leur fit paroître tous les sentimens d'un bon Chrêtien, & toute la resignation qu'il devoit à la volonté du Seigneur. Enfin il rendit l'esprit entre les bras de ces deux bonnes Sœurs, le sang qui sortoit par sa bouche en abondance l'étouffa. Ainsi quand sa femme & Baron remonterent, ils le trouverent mort. J'ai cru que je devois entrer dans le détail de la mort de Moliere, pour défabuser le Public de plusieurs histoires que l'on a faites à cette ocasion. Il mourut le Vendredi 17. du mois de Fevrier de l'année 1673. âgé de cinquante-trois ans, regreté de tous les Gens de Lettres, des Courtisans & du Peuple. Il n'a laissé qu'une fille; Mademoiselle Pocquelin fait connoître par l'arangement de sa conduite, & par la solidité & l'agrément de sa conversation, qu'elle a moins hérité des biens de son Pere, que de ses bonnes qualitez.

Aussi - tôt que Moliere fut mort , Baron fut à
Saint Germain en informer le Roi , Sa Majesté
en fut touchée , & daigna le témoigner. C'étoit
un homme de probité , & qui avoit des sentimens peu communs parmi les personnes de sa
naissance,on doit l'avoir remarqué par les traits
de sa vie que j'ai raportez : & ses Ouvrages
font juger de son esprit beaucoup mieux que
mes expressions. Il avoit un atachement inviolable pour la Personne du Roi , il étoit toûjours ocupé de plaire à Sa Majesté , sans cependant négliger l'estime du Public , à laquelle
il étoit fort sensible.Il étoit ferme dans son amitié , & il sçavoit la placer. Mr. le Maréchal de
Vivone étoit celui des Grands Seigneurs qui
l'honoroit le plus de la sienne. Chapelle fut
saisi de douleur à la mort de son ami, il crut
avoir perdu toute consolation , & il donna des
marques d'une affliction si vive , que l'on doutoit qu'il lui survecût long-tems.

Tout le monde sçait les difficultez que l'on
eut à faire enterrer Moliere comme un Chré-
tien Catholique , comment on obtint en
considération de son mérite & de la droiture de
ses sentimens , dont on fit des informations ,
qu'il fût inhumé à S. Joseph. Le jour qu'on le
porta en terre il s'amassa une foule incroyable
de Peuple devant sa porte. La Moliere en fut
épouvantée, elle ne pouvoit pénétrer l'intention
de cette Populace. On lui conseilla de répandre
une centaine de pistoles par les fenêtres. Elle
n'hésita point , elle les jetta à ce peuple amassé
en le priant avec des termes si touchans de donner des prieres à son mari ,qu'il n'y eut personne de ces gens - là qui ne priât Dieu de tout
son cœur.

Le Convoi se fit tranquilement à la clarté de près de cent flambeaux, le Mardi 21. de Février. Comme il passoit dans la ruë Montmartre on demanda à une femme, qui étoit celui que l'on portoit en terre ? Et c'est ce Moliere, répondit-elle. Une autre femme qui étoit à sa fenêtre & qui l'entendit, s'écria : Comment malheureuse! il est bien Monsieur pour toi.

Il ne fut pas mort, que les Epitaphes furent répanduës par tout Paris. Il n'y avoit pas un Poëte qui n'en eût fait, mais il y en eut peu qui réüssirent. Un Abbé crut bien faire sa Cour à défunt Monsieur le Prince de lui présenter celle qu'il avoit faite. Ah ! lui dit ce Grand Prince, qui avoit toûjours honoré Moliere de son estime, que celui dont tu me presentes l'Epitaphe, n'est-il en état de faire la tienne. Mr. ✱✱✱ à qui une source profonde d'érudition avoit mérité un des emplois les plus précieux de la Cour, & qui est un Illustre Prélat aujourd'hui, daigna honorer la mémoire de Moliere par les Vers suivans.

Plaudebat, Molieri, tibi plenis Aula Theatris,
 Nunc eadem mœrens post tua fata gemit.
Si risum nobis movisses parciùs olim,
 Parciùs heu ! lachrymis tingeret ora dolor.

„ Moliere, toute la Cour, qui t'a toûjours
„ honoré de ses aplaudissemens sur ton Théâ-
„ tre comique, touchée aujourd'hui de ta mort,
„ honore ta mémoire des regrets qui te sont dûs:
„ Toute la France proportionne sa vive douleur
„ au plaisir que tu lui as donné par ta fine & sage
„ plaisanterie.

Les Personnes de probité & les Gens de Lettres sentirent tout d'un coup la perte que le Théâtre comique avoit fait par la mort de Moliere. Mais ses ennemis, qui avoient fait tous

leurs

leurs efforts inutilement pour rabaisser son mérite pendant sa vie, s'excitérent encore après sa mort pour ataquer sa mémoire, ils répetoient toutes les calomnies, toutes les faussetez, toutes les mauvaises plaisanteries que des Poëtes ignorans ou irritez avoient répanduës quelques années auparavant dans deux piéces intitulées : *Le Portrait du Peintre*, dont j'ai parlé, & *Elomire Hypocondre*, ou *Les Médecins vengez*. C'étoit, disoit-on, un homme sans mœurs, sans Religion, mauvais Auteur. L'envie & l'ignorance les soûtenoit dans ces sentimens ; & ils n'omettoient rien pour les rendre publics par leurs discours, ou par leurs Ouvrages. Il y en a même encore aujourd'hui de ces Personnes toûjours portées à juger mal d'un homme qu'ils ne sçauroient imiter, qui soupçonnent la conduite de Moliére, qui cherchent les traits foibles de ses ouvrages pour le décrier. Mais j'ai de bons Garants de la verité que j'ai renduë au Public à l'avantage de cet Auteur. L'estime & les bienfaits dont le Roi l'a toûjours honoré, les Personnes avec qui il avoit lié amitié, le soin qu'il a pris d'ataquer le vice & de relever la vertu dans ses ouvrages, l'atention que l'on a euë de le mettre au nombre des Hommes Illustres, ne doivent plus laisser lieu de douter que je ne vienne de le peindre tel qu'il étoit, & plus les tems s'éloigneront, plus l'on travaillera, plus aussi on reconnoîtra que j'ai ateint la verité, & qu'il ne m'a manqué que de l'habileté pour la rendre.

Le Lecteur qui va toûjours au delà de ce qu'un Auteur lui donne, sans réflechir sur son dessein, auroit peut-être voulu que j'eusse détaillé davantage le succès de toutes les piéces de Moliére , que je fuſſe entré avec plus de ſoin dans le jugement que l'on en fit dans le tems. On m'a fait cette difficulté ; Je me la ſuis faite à moi-même. Mais n'euſt-ce point été faire plûtôt l'hiſtoire du Théâtre de Moliére , que compoſer ſa vie ? Il m'eût fallu continuellement rebatre la même choſe à chaque piéce ; on s'en fût ennuyé. C'étoient toûjours les mêmes ennemis de Moliére qui parloient. Leur ignorance les tenoit toûjours dans le même genre de critique. Comme on ne peut pas contenter tout le monde , ſi un habile homme trouvoit quelque endroit qui lui déplût dans une piéce , cette troupe d'envieux ſaiſiſſoit ce ſentiment , ſe l'attribuoit & faiſoit ſes efforts pour décrier l'Auteur : mais il triomphoit toûjours. Moliére connoiſſoit les trois ſortes de perſonnes qu'il avoit à divertir. Le Courtiſan , le Sçavant , & le Bourgeois. La Cour ſe plaiſoit aux ſpectacles , aux beaux ſentimens , de la Princeſſe d'Elide , des Amans magnifiques , de Pſyché , & ne dédaignoit pas de rire à Scapin , au Mariage forcé , à la Comteſſe d'Eſcarbagnas. Le peuple ne cherchoit que la farce , & négligeoit ce qui étoit au deſſus de ſa portée. L'habile homme vouloit qu'un Auteur comme Moliére conduisît ſon ſujet , & remplît noblement en ſuivant la nature , le caractére qu'il avoit choiſi à l'exemple de Terence. On le voit par le jugement que Mr. des Preaux fait de Moliére dans ſon art Poëtique.

Ne faites point parler vos Acteurs au hazard ,
Un vieillard en jeune homme , un jeune homme en
    vieillard.
Etudiez la Cour & connoiſſez la Ville ;
L'une & l'autre eſt toûjours en modéles fertile ,

C'eſt par là que Moliére illuſtrant ſes écrits
Peut être de ſon art eût remporté le prix ,
Si moins ami du Peuple en ſes doctes peintures ,
Il n'eût pas fait ſouvent grimaſler ſes figures ,
Qitté , pour le bouffon , l'agreable & le fin ,
Et ſans honte à Terence allié Tabarin.
Dans ce ſac ridicule où Scapin s'envelope ,
Je ne reconnois plus l'Auteur du Miſantrope. &c.

Mr. de la Bruyere en a jugé ainſi. Il n'a, "
dit-il , manqué à Terence que d'être moins "
froid : quelle pureté? quelle exactitude ? quel- "
le politeſſe ? quelle élegance ? quels caracté- "
res ? Il n'a manqué à Moliére que d'éviter le "
jargon , & d'écrire purement : Quel feu ? "
quelle naïveté ? quelle ſource de la bonne "
plaiſanterie ? quelle imitation des mœurs ? "
& quel fleau du ridicule? Mais quel homme "
on auroit pu faire de ces deux Comiques ? "
Tous les ſavans ont porté à peu près le même
jugement ſur les ouvrages de Moliére ; mais il
divertiſſoit tour à tour les trois ſortes de perſonnes dont je viens de parler ; & comme ils
voyoient enſemble ſes ouvrages, il en jugeoient
ſuivant qu'ils en devoient eſtre affectez ſans
qu'il s'en mît beaucoup en peine , pourvu que
leurs jugemens répondiſſent au deſſein qu'il pouvoit avoir , en donnant une piece , ou de plaire à la Cour , ou de s'enrichir par la foule ,
ou de s'aquerir l'eſtime des connoiſſeurs. Ainſi
n'ayant eu en veue que de donner la vie de
Moliére , j'ai cru que je devois me diſpenſer
d'entrer dans l'examen de ſes pieces qui n'y eſt
point eſſentiel , choſe d'ailleurs qui demande
une étendue de connoiſſance au deſſus de ma
portée. Je me ſuis donc renfermé dans les
faits qui ont donné occaſion aux principales
actions de ſa vie ; & qui m'ont aidé à faire con-

noître fon caractére, & les differentes fituations où il s'eft trouvé. Je l'ai fuivi avec foin depuis fa naiffance jufqu'à fa mort, fans m'écarter de la verité : non que je préfume avoir tout dit ; il peut être échapé quelques faits à mon exactitude, mais je doute qu'ils fiffent paroître l'efprit, le cœur, & la fituation de Moliére autrement que ce que j'en ai dit.

J'avois fort à cœur de recouvrer les ouvrages de Moliére, qui n'ont jamais vu le jour. Je favois qu'il avoit laiffé quelques fragmens de piéces qu'il devoit achever : Je favois auffi qu'il en avoit quelques-unes entieres, qui n'ont jamais paru. Mais fa femme, peu curieufe des ouvrages de fon mari, les donna tous quelque tems après fa mort au fieur de la Grange Comédien, qui connoiffant tout le mérite de ce travail, le conferva avec grand foin jufqu'à la mort. La femme de celui-ci ne fut pas plus foigneufe de ces ouvrages que Moliére : Elle vendit toute la Bibliotheque de fon mari, où aparemment fe trouverent les manufcrits qui étoient reftez après la mort de Moliére.

Cet Auteur avoit traduit prefque tout Lucréce : & il auroit achevé ce travail, fans un malheur qui arriva à fon ouvrage. Un de fes domeftiques, à qui il avoit ordonné de mettre fa perruque fous le papier, prit un cahier de fa traduction pour faire de papillotes. Moliére n'étoit pas heureux en domeftiques, les fiens étoient fujets aux étourderies, ou celle-ci doit étre encore imputée à celui qui le chauffoit à l'envers. Moliére, qui étoit facile à s'indigner fut fi piqué de la deftinée de fon cahier de traduction, que dans la colere ; il jetta sur le champ le reste au feu. A mesure qu'il y avoit travaillé il avoit lû son ouvrage à Mr. Rohault qui en avoit été tres-satisfait, comme il l'a témoigné à plusieurs personnes. Pour donner plus de goût à sa traduction, Moliére avoit rendu en Prose toutes les matiéres Philosophiques ; & il avoit mis en vers ces belles descriptions de Lucréce.

On s'étonnera peut-être que je n'aye point fait Mr. Moliére Avocat. Mais ce fait m'avoit été absolument contesté par des personnes que je devois suposer en savoir mieux la verité que le Public ; & je devois me rendre à leurs bonnes raisons. Cependant sa famille m'a si positivement assuré le contraire que je me crois obligé de dire que Moliére fit son Droit avec un de ses camarades d'Etude ; que dans le tems qu'il se fit recevoir Avocat ce Camarade se fit Comédien : que l'un & l'autre eurent du succès chacun dans sa profession : Et qu'enfin lors qu'il prit phantaisie à Moliére de quitter le Barreau pour monter sur le Theâtre, son Camarade le Comédien se fit Avocat. Cette double cascade m'a paru assez singuliére pour la donner au Public telle qu'on me l'a assurée, comme une particularité qui prouve que Moliére a été Avocat.

F I N.

TABLE DES MATIERES.

A

DES MATIERES.

TABLE

DES MATIERES.

M

TABLE

FIN.

ajoute cette
note a
l'exempl. de M.
Taschereau

Il y a eu 2 ed. des Oeuv. de Molière
Lyon datées de 1692 - in 12
la Vve Jacques Lyons
la V. Jacques Lions.
Toutes 2 avec portrait de Molière
mais les 2 exempl. de la 2e edon dme euvre
pl'u [...] les planches étant déjà
un peu usées.

2e edon au 2e vol. a la suite du Titre on
avoit relié

M. Taschereau la Vie de M. de Molière a Lyon chez
Jacques Lions 1692 101 p. avec
une Table des matieres en 6 p. non cotées
a la fin du 8e vol. on avoit relié
aussi

Beffara la Vie de M. de Molière Paris Jacq. Lefebvre
1705. 101 p. avec la même table
grimarest n'avoit obtenu que le 11 Janvier
1705 un privilege pr l'impression de la
vie de Molière (celle ci dernier) il le
remit a Jacq. Lefebvre qui l'imprima

la même année en 314 p. ½ 12 avec la
Table en 4 feuillets non paginés.

On doit croire que la vie de Molière
n'étoit pas connue avant 1705.
que Jacq. Lions la fit imprimer & contrefaire
en 2 éditions en donnant à l'une la date
de 1692 & son nom & à l'autre la date de
1705 & le nom de Jacques Lefebvre
que l'on a relié les exempl. de l'une & de
l'autre de ces éditions avec les exempl.
des 1. & 8.⁵ vol.† d'une 2.ᵉ éd.ⁿ des œuvres
de Molière que Lions fit en 1705 & à
laquelle il laissa la 1ʳᵉ date de 1692.

Ce sont bien 2 éd.ⁿˢ différentes pour les
dates & les 4 p.ᵉˢ le nom du Titre & de la
3.ᵉ page, la même Table les mêmes
caractères en grande partie & quelques
pages qui sont par distribuées ici l'une
comme l'autre au commencement & à la fin
Ce sont les 9. 16. 28. 29. 40. 64. 88. 95. 96
99. 100 (et p. 16. 40. 64 88 à considérer
réclames qui sont seulement dans l'éd.ⁿ de 1692

les signatures des editions
de 1692 sont a. jusqua
K.
De celle de 1705 a
jusqua e. inclusivement
les vers des pages 61. 62
98. 99 sont les memes
dans les 2 editions mais
en caracteres plus petits
dans celle de 1705.
                    Bessara